Mao Zedong

rowohlts monographien
begründet von
Kurt Kusenberg
herausgegeben von
Uwe Naumann

Mao Zedong

Dargestellt von Felix Wemheuer

Rowohlt Taschenbuch Verlag

Umschlagvorderseite: Mao Zedong, um 1965
Umschlagrückseite: Mao Zedong vor dem Eingang
der Hochschule in Yan'an zu Beginn des Krieges gegen Japan
Junge Chinesen mit der roten Mao-Bibel in Nanjing, Oktober 1966

Seite 3: Mao Zedong. Propagandafoto

Originalausgabe
Veröffentlicht im Rowohlt Taschenbuch Verlag,
Reinbek bei Hamburg, Februar 2010

Umschlaggestaltung any.way, Wiebke Jakobs,
nach einem Entwurf von Ivar Bläsi
Redaktionsassistenz Katrin Finkemeier
Reihentypographie Daniel Sauthoff
Layout Ingrid König
Satz Proforma und Foundry Sans PostScript,
InDesign 5.0.3
Gesamtherstellung CPI – Clausen & Bosse, Leck
Printed in Germany
ISBN 978 3 499 50704 5

INHALT

Revolutionäre. Figurengruppe am Mao-Mausoleum
auf dem Platz des Himmlischen Friedens in Beijing, erbaut 1976.
Foto von 2003

Einleitung

Am 1. Oktober 1949 rief Mao Zedong vom Tor der Verbotenen Stadt nach über 25 Jahren revolutionären Kampfes die Gründung der Volksrepublik China aus. Der Bürgerkrieg war zugunsten der Volksbefreiungsarmee faktisch entschieden. *Das chinesische Volk ist aufgestanden*, lautete die zentrale Botschaft des Neuen Chinas. Diese Aussage, die bis heute in China immer wieder zitiert wird, beinhaltete ein großes Versprechen: Das Jahrhundert der Demütigung des chinesischen Volkes, welches mit dem Opiumkrieg 1840 begonnen hatte, sei nun vorbei. Nie wieder sollte ein schwaches China zur leichten Beute für ausländische Mächte werden. Das chinesische Volk sollte von Hunger, Armut, Unwissenheit und Rückständigkeit befreit werden.

Die chinesische Nation, die nun unter Führung der Kommunistischen Partei neu geschaffen wurde, befand sich 1949 in einem schlechten Zustand. Die japanische Invasion und der darauffolgende sino-japanische Krieg hatten zwischen 1937 und 1945 etwa drei Millionen chinesischer Soldaten und achtzehn Millionen Zivilisten das Leben gekostet. In China hatte die japanische Armee unvorstellbar grausame Kriegsverbrechen begangen. Allein bei der Besetzung der damaligen chinesischen Hauptstadt Nanjing im Winter 1937 schlachteten die japanischen Truppen 200 000 bis 300 000 chinesische Zivilisten ab. In dem stark vom Krieg traumatisierten Land brach 1946 ein Bürgerkrieg zwischen der nationalistischen Guomindang und Kommunisten aus. Inflation und Korruption hatten die Wirtschaft unter der Guomindang ruiniert. Als Mao 1949 der Welt ein neues

Mao zum Anstecken

China ankündigte, lag die durchschnittliche Lebenserwartung seiner Landsleute bei 35 Jahren, und 80 Prozent der Chinesen konnten weder lesen noch schreiben. Besonders die Bauern, die über 80 Prozent der Bevölkerung ausmachten, hatten nur wenig von den Modernisierungsversuchen der Guomindang seit 1927 profitiert.

Wer war Mao Zedong? Seine Rolle als charismatischer Führer baute auch auf Legenden zu seiner Lebensgeschichte auf, zu deren Verbreitung er selbst beitrug. Der Bauernsohn aus Hunan habe 1935 die Kommunistische Partei wie Moses die Juden aus Ägypten auf dem Langen Marsch in das gelobte Land des roten Stützpunktgebiets in Yan'an geführt. Die chinesische Revolution konnte nur deshalb siegen, weil die Revolutionäre mit den Mao-Zedong-Ideen bewaffnet gewesen seien. Mao stand nicht nur an der Spitze der Nation während des siegreichen Widerstandskriegs gegen Japan, sondern habe auch trotz schlechter Ratschläge der Sowjetunion 1949 die Guomindang geschlagen. Obwohl diese Version der Geschichte jedes chinesische Schulkind kennt, ist in der Volksrepublik China 1996 zum ersten Mal eine offizielle Biographie über das gesamte Leben Maos erschienen[1], die auf Dokumenten aus dem zentralen Parteiarchiv basiert. Der zweite Band, der sein Leben nach der Machtübernahme von 1949 behandelt, erschien erst 2003.[2] Das zeigt, dass eine Gesamtdarstellung Maos immer noch ein hochsensibles Thema in China ist.

Die Geschichte von Maos Leben ist im Westen schon unzählige Male geschrieben worden. Die Biographen haben je nach ihrem politischen Weltbild einen sehr unterschiedlichen Mao konstruiert: Mao als der «Herr der blauen Ameisen», Führer der Dritten Welt im Kontext der Entkolonialisierung, Militärstratege, nationalistischer Bauernpolitiker, chinesischer Lenin, Philosophenkönig, «größter Marxist-Leninist der Gegenwart», der neue Kaiser mit eigenem Harem, antiautoritärer Revolutionär oder chinesischer Hitler. Kein anderer Politiker des 20. Jahrhunderts hat eine solche Vielfalt von Projektionen und Interpretationen hervorgerufen. Oft sagen diese Interpretationen mehr über den Zeitgeist im Westen aus als über Mao selbst.

Auch die drei einflussreichsten westlichen Werke über Mao bieten sehr unterschiedliche Bilder. Der US-Journalist Edgar Snow beschrieb Mao 1937 in seinem internationalen Bestseller «Roter Stern über China» als einen sympathischen und volksverbundenen Revolutionär.[3] Der linke Journalist war von Stalins Sowjetunion enttäuscht und trug mit dem Buch zum Mythos vom menschlicheren chinesischen Weg zum Sozialismus bei. Die Interviews, die Snow mit Mao in langen Nächten führte, gelten bis heute als grundlegende Informationen über Maos Kindheit und Jugend für die Biographen.

Eine radikale Wende im westlichen Mao-Bild wurde 1994 durch die Memoiren «Das Privatleben des Vorsitzen-

Eine folgenreiche Freundschaft: Mao und der amerikanische Journalist Edgar Snow während einer Parade der Volksbefreiungsarmee am 1. Oktober 1970, dem 21. Jahrestag der Gründung der Volksrepublik China

den Mao» von einem seiner Leibärzte, Li Zhisui, der in den USA lebt, ausgelöst.[4] Li zeichnet Mao als einen macht- und sexhungrigen Kaiser, der fern der Realität vom Bett aus das Reich regiert. Einige Chinaexperten, deren Forschungen sich auf Maos inneren Machtzirkel konzentrieren, halten die Darstellung des Arztes für glaubwürdig. Kritiker wenden gegen das Buch von Li und seiner US-amerikanischen Co-Autorin Anne Thurston ein, dass die Geschichte vom orientalischen Herrscher und seinem Harem nur allzu gut die fernöstlichen Phantasien des westlichen Publikums als Voyeur bedienen würde.[5] In der chinesischen Ausgabe, die in Hongkong und Taiwan erschienen ist, sind einige intime Details über Maos junge Gespielinnen ausgespart. Die Aussage, Mao habe gewissenlos seine Geliebten mit Geschlechtskrankheiten infiziert, steht nur in der englischen Fassung.

Mao wird in dem Buch des Arztes als ewiger Bauer im Kaiserpalast beschrieben, der gern fettiges Schweinefleisch mit brauner Soße aß, sich nie die Zähne mit der Zahnbürste putzte, abgewetzte Kleidung trug und sich von seinem Masseur abreiben ließ, anstatt mit Seife zu duschen. Maos bäuerliche Gewohnheiten mögen für westliche Leser und die Deodorants und Diätprodukte konsumierenden chinesischen Mittelschichten der Gegenwart abstoßend sein. 2003 erschien jedoch in China ein Gesundheitsratgeber, der den Lesern vorschlug, die Gewohnheiten von Mao anzunehmen, um wie er ein langes und gesundes Leben zu führen.[6] Über Maos sexuelle Ausschweifungen steht natürlich kein Wort in dem Ratgeber. Während für Doktor Li Maos abgewetzte Kleidung ein Symbol für dessen Kulturlosigkeit ist, präsentiert ein offizielles Buch zu Maos Privatleben stolz ein Foto mit seinen ausgetretenen Schuhen, die er 20 Jahre lang trug. In diesem Zusammenhang gilt das Foto als Beweis für Maos Sparsamkeit und Volksverbundenheit.[7]

Bäuerliche Gewohnheiten im «Palast»

«Mao war ein Bauer mit einfachem Geschmack. Er zog sich nur an, wenn er es absolut musste, und verbrachte die meiste Zeit des Tages im Bett. Er trug dabei einen Morgenrock und war barfuß. Er führte nahezu all seine Geschäfte in einem Schlafzimmer vom Rand seines Schwimmbeckens aus, aber er lebte ein kaiserliches Leben. Seine Wohnanlage lag im Herzen von Zhongnanhai, dem Zentrum der alten kaiserlichen Anlagen […]. Es muss einer der am besten geschützten Orte der Welt gewesen sein.»

Li Zhisui: The private life of Chairman Mao. New York 1994, S. 76–77 (Übersetzung F. W.)

2003 konnte die ehemalige Rotgardistin und Autorin des Buches «Die wilden Schwäne», Jung Chang, mit ihrer Mao-Biographie «The unknown story» (Die unbekannte Geschichte) weltweit die Bestsellerlisten stürmen.[8] Der US-Präsident George W. Bush empfahl es dem deutschen Bundeskanzler Gerhard Schröder bei einem Besuch zur Lektüre, um

China besser zu verstehen. In Changs Buch wird Mao schon in jungen Jahren zu einem sadistischen, machtbesessenen Verschwörer, der immer nur Böses im Sinn hat. Seine Gegenspieler und Feinde scheitern, weil sie zu gutmütige Trottel waren. Wie in der traditionellen chinesischen Geschichtsschreibung muss ein schlechter Kaiser auch moralisch durch und durch verkommen dargestellt werden. Changs Buch gehört in das Genre Abrechnungsliteratur enttäuschter Ex-Jünger. Vom Stil her ist das Buch einer Anklageschrift der Roten Garden aus der Zeit der Kulturrevolution nicht unähnlich. Chang versucht, alle Chinesen als Opfer Maos darzustellen. So kann die Frage nach der Mitverantwortung der Millionen Parteikader und Aktivisten, die Maos Kampagnen unterstützten, ausgeblendet werden. Ähnlicher Verdrängungsmechanismen bedienten sich nach 1945 auch viele Deutsche, die nach dem Scheitern des Nationalsozialismus dem «Führer» allein die Schuld gaben. Im akademischen Bereich wurde sowohl in Deutschland als auch in den USA Changs Buch scharf kritisiert, da Quellen beliebig manipuliert wurden.[9] «Dallas mit Mao als JR» gehörte noch zu den schmeichelhaften Kritiken.[10] Changs Behauptung, dass Maos Herrschaft in Friedenszeiten über 70 Millionen Menschen das Leben gekostet habe, ist vom wissenschaftlichen Standpunkt äußerst problematisch. Zum einen brachen in Krisenzeiten die üblichen statistischen Erfassungssysteme zusammen. Zum anderen sind viele wichtige Dokumente immer noch nicht zugänglich. Da heute in China die meisten von Maos Kampagnen kein Tabuthema mehr sind und die Partei einen Teil der Opfer rehabilitiert hat, werde ich in diesem Buch mit den offiziellen Zahlen als verlässliche Untergrenze arbeiten. Alles andere wäre nur Spekulation ins Blaue hinein.

Vor dem Hintergrund der starken Emotionalisierung

und Politisierung der Lebensgeschichte Maos ist es eine große Herausforderung, eine sachliche Biographie zu schreiben. Da in China in den letzten Jahren viele zuvor geheime Manuskripte und Dokumente Maos veröffentlicht worden sind, lohnt es sich, das Leben des «großen Vorsitzenden» neu zu schreiben.[11] Durch die Öffnung der Archive der Kommunistischen Internationalen (Komintern) in Moskau ist heute auch die Rolle Josef Stalins und der Sowjetunion in der chinesischen Revolution klarer. Der Einfluss der Sowjetunion wurde lange unter dem Paradigma des chinesischen «Sonderwegs» zum Sozialismus weit unterschätzt.

Ich gehe in dieser Monographie nicht davon aus, dass «große Männer» die Geschichte machen und «Kaiser» Mao nur mit dem Finger schnippen musste, um das Heer der «blauen Ameisen» in Bewegung zu setzen. Im Gegenteil, es soll gezeigt werden, wie Mao in der Auseinandersetzung mit der chinesischen Gesellschaft seine Strategien und Ideen immer wieder modifizieren musste.

Im Folgenden wird beschrieben, wie und warum der Bauernsohn aus der Provinz Hunan zum Führer der chinesischen Revolution werden konnte. Außerdem wird Maos Suche nach einem chinesischen Weg zum Sozialismus nachgezeichnet. Eine besondere Herausforderung ist für die Biographen bis heute die Kulturrevolution (1966–1976), denn Mao stellte mit der Mobilisierung der Massen gegen den Parteiapparat sein eigenes Lebenswerk in Frage. Abschließend soll eine Bewertung Maos vorgenommen und seinem Einfluss auf das heutige China nachgespürt werden.

Menschen neigen dazu, aus dem reißenden und wilden Fluss des Lebens in der Erinnerung ein einbetoniertes, gerades Gewässer zu machen. Wir konstruieren nachträglich oft eine logische Kontinuität, um den Ereignissen einen Sinn zu geben. War Mao der gleiche Mensch, als er Mitte der 1930er

Jahre in den Höhlen von Yan'an und später neben dem ehemaligen Kaiserpalast in Beijing wohnte? Gibt es einen Mao Zedong oder viele? Anstatt dem Leser das leere Versprechen zu geben, Mao seine vielen Masken vom Gesicht zu reißen, soll die Entwicklung eines der widersprüchlichsten und schillerndsten Revolutionäre des 20. Jahrhunderts nachgezeichnet werden.

Vom Bauernsohn zum kommunistischen Revolutionär (1893–1927)

Bis heute pilgern jährlich Zigtausende chinesischer Touristen in das Dorf Shaoshan in der Provinz Hunan, um vor dem Geburtshaus Maos ein Erinnerungsfoto zu machen. Am 26. Dezember 1893 kam hier der spätere «Große Vorsitzende» als erster Sohn einer wohlhabenden Bauernfamilie zur Welt. Die Geschichte seiner Kindheit und Jugend ist bis heute von Legenden geprägt. Mao trug selbst nicht viel dazu bei, mehr Klarheit zu schaffen. Seine Kindheit passte nicht in die kommunistische Modellbiographie eines ausgebeuteten Bauernsohns, der sich wegen seiner Armut der Revolution anschließt.

Eine behütete Kindheit

Zum Zeitpunkt von Maos Geburt regierte offiziell der Kaiser Guangxu der mandschurischen Qing-Dynastie das chinesische Reich. Faktisch lag die Macht in den Händen seiner Tante, der Kaiserwitwe Ci Xi. Das Eindringen des westlichen Imperialismus nach dem Opiumkrieg von 1840 hatte das chinesische Reich enorm geschwächt. Der Qing-Dynastie war es aber gelungen, trotz des Taiping-Aufstands (1850–1864), in dessen Verlauf rund 30 Millionen Menschen starben, zu überleben. Hunan war eines der Hauptschlachtfelder dieses opferreichsten Bürgerkriegs in der Menschheitsgeschichte gewesen. Die Provinz diente traditionell als Quelle für die Rekrutierung von Soldaten, war aber auch für sagenumwobene Banditen und Rebellen bekannt. Ein chinesisches

Keine arme Familie: Maos Geburtshaus in Shaoshan in der Provinz Hunan, 1974

Sprichwort sagt, wer China erobern wolle, müsse erst alle Hunaner erschlagen. Maos frühe Kindheit fiel in eine Periode der Stabilität seiner Heimatprovinz. Seine Familie besaß einen Hektar Land, was für chinesische Verhältnisse einem mittleren Betrieb entsprach. Im Unterschied zu Lateinamerika oder Preußen existierten in China kaum große Latifundien, und Kleinbauern sowie kleinere Großgrundbesitzer dominierten die Sozialstruktur der Dörfer. Maos Vater Mao Yichang (1870–1920) beschäftigte Landarbeiter, aber auch die Familie musste bei der Arbeit auf den Feldern und bei der Führung des Betriebs mithelfen. Mao soll schon im Alter von sechs Jahren körperliche Arbeit geleistet haben.

Laut Maos eigenen Angaben stieg sein Vater vom Mittelbauern zum reichen Bauern auf, indem er Reishandel betrieb.[12] Nur wenige Bauernsöhne konnten wie Mao eine

Schulbildung genießen, der zwischen 1900 und 1906 die Grundschule in Shaoshan besuchte, in der wie überall in China die klassischen konfuzianischen Schriften gelehrt wurden und die Vermittlung praktischen Wissens keine Rolle spielte. Die Mandschu-Kaiser sahen keine Notwendigkeit für eine Universalbildung der Massen. Der Palast rekrutierte die Beamten bis 1905 durch ein zentrales Prüfungssystem. Die gelehrte Schriftsprache in den Schulen unterschied sich von der Umgangssprache und wurde deshalb auch als Mandarin, Beamtensprache, bezeichnet. Mao sollte dennoch sein ganzes Leben von dieser konfuzianischen Ausbildung zehren, indem er bis ins hohe Alter die traditionellen Geschichtsbücher der Dynastien studierte und Gedichte in klassischem Stil verfasste.

In den wachsenden Auseinandersetzungen mit seinem Vater soll der junge Mao auch die Klassiker zitiert haben, um

Das Geburtszimmer mit den Fotos der Mutter Wen Qimei und des Vaters Mao Yichang

ihn an die Pflichten des Älteren gegenüber dem Jüngeren zu erinnern.[13] Bei den Biographen gehen die Meinungen auseinander, ob Mao bäuerliche Arbeit hasste oder liebte. Klar ist jedoch, dass er zum Leben als einfacher Bauer nicht geeignet war. Als er Rinder hüten musste, vertiefte er sich manchmal so sehr in seine Bücher, dass die Tiere davonliefen und Nachbars Felder leer fraßen. Sein Vater war eher praktisch veranlagt und hatte für die intellektuellen Interessen seines Sohnes wenig Verständnis. Er veranlasste ihn, Buchhaltung zu lernen. In seinen nächtlichen Interviews mit dem amerikanischen Journalisten Edgar Snow stellte sich Mao später als Rebellen gegenüber einem tyrannischen und geizigen Vater dar. Allerdings liegt die Vermutung nahe, dass er die Konflikte im Sinne einer revolutionären Lebensgeschichte etwas übertrieb. Riss er vor der Schelte und den Schlägen seines Vaters aus, «streikte» er. In einem in China 1954 erschienenen offiziellen Abriss seiner Kindheit und Jugend von Xiao San wurden die Auseinandersetzungen mit seinem Vater sogar als erste Erfahrung mit Klassenkampf und Widerstand gegen Unterdrückung dargestellt.[14] Mao erzählte Edgar Snow, dass eine Hungersnot in Hunan, die er als Grundschüler erlebte, großen Eindruck auf ihn gemacht habe. Der Gouverneur in der Provinzhauptstadt Changsha ließ einfach rebellische Bauern enthaupten und ihre aufgespießten Köpfe zur Schau stellen, anstatt Hilfe zu organisieren. Mao sympathisierte mit den Rebellen und legte sich mit seinem Vater an, der trotz des Hungers in seinem Bezirk noch Reis in die Stadt verkaufte. Für Xiao San ist das ein Beweis, dass Mao schon in frühester Jugend auf der Seite der Unterdrückten stand. Mao räumte allerdings gegenüber Snow auch ein, dass er die Plünderungen durch die Bauern damals für falsch hielt. Biographen setzen solche Anekdoten häufig beliebig ein, um ihre Thesen zu untermauern. Jung Chang berichtet,

Mao Zedong. Ausschnitt aus einem Foto von 1919

dass Mao eine Hungersnot in Changsha einige Jahre später nicht in seinen Schriften und Briefen erwähnte. Für sie ist das ein schlagender Beweis, dass auch schon der junge Mao gegenüber den Leiden der Bauern gleichgültig war.[15]

Im Gegensatz zu dem gespannten Verhältnis zu seinem Vater fand Mao für seine Mutter Wen Qimei (1867–1919) nur warmherzige und lobende Worte. Die gläubige Buddhistin hatte nie Lesen und Schreiben gelernt. 1907 verheirateten seine Eltern den vierzehnjährigen Mao gegen seinen Willen mit der vier Jahre älteren Luo Yixiu (1889–1910). In China war es damals üblich, dass die Eltern die Ehepartner aussuchten. Liebesheiraten waren nur in den Städten eine neue Modeerscheinung. Mao erkannte diese Heirat nie an und weigerte sich, mit seiner Frau zusammenzuleben. Drei Jahre später starb Luo Yixiu.

Nachdem Mao 1906 seine Schullaufbahn zwischenzeitlich abgebrochen hatte, setzte er 1910 seine Ausbildung an der Dongshan-Schule fort. Zu diesem Zeitpunkt durchlief das chinesische Bildungssystem eine radikale Reform. 1905 hatte der Kaiser die Beamtenprüfung abgeschafft. Allgemeinbildung wurde größere Aufmerksamkeit geschenkt, und wie in Hunan entstanden überall im Land moderne Reformschulen. Mao lernte an der Dongshan-Schule nun Naturwissenschaften, Musik, Philosophie und Englisch. Eine Fremdsprache sollte er allerdings sein Leben lang nicht beherrschen. Die späten Reformen konnten die Qing-Dynastie nicht retten. Antimandschurische Kräfte in der Armee und unter den Intellektuellen forderten die Qing heraus. Auch in Hunan formierte sich im April 1911 eine breite Bewegung gegen den Verkauf der Eisenbahn an die ausländischen Imperialisten. Als Schüler und Studenten den Unterricht boykottierten und sich aus Protest die traditionellen langen Zöpfe abschnitten, war auch der siebzehnjährige Mao unter ihnen. Im Oktober schloss er sich der Neuen Hunaner Armee an, die auf Seiten der Revolutionäre gegen die Qing kämpfte. Nach dem Sieg der sogenannten Xinhai-Revolution wurde China zur Republik erklärt. Ein neues Zeitalter hatte begonnen. Sun Yat-sen (1870 – 1925), der Führer der Revolutionspartei, wurde zum ersten Übergangspräsidenten der Republik ernannt. Seine Partei nannte er später in Guomindang (GMD), Volkspartei, um. Die nationalistische GMD besaß besonders Unterstützung bei Intellektuellen, aber auch bei Angehörigen der traditionellen Eliten, die sich von den Qing-Herrschern abgewandt hatten. Der Han-Nationalismus Suns richtete sich sowohl gegen die mandschurische Dynastie als auch gegen die westlichen Kolonialmächte. Die chinesischen Bauern spielten zu diesem Zeitpunkt noch keine bedeutende politische Rolle.

Sun Yat-sen,
erster Präsident der chinesischen Republik und Gründer der Guomindang.
Undatiertes Foto

Nach der Gründung der Republik besuchte Mao die 1. Mittelschule in der Provinzhauptstadt Changsha. Eine Mittelschulbildung war nicht kostenlos und stellte im damaligen China ein Privileg dar, das nur ein Prozent der männlichen Jugendlichen in Anspruch nehmen konnte.[16] Der junge Mao blühte in der urbanen Atmosphäre Changshas auf. In der Provinzhauptstadt fanden damals lebhafte Debatten unter den Intellektuellen und Studenten über die Zukunft Chinas statt. Mao zeichnete

Jugend ohne Marx:
Mao über seine Bildung

«[...] ich selbst habe auch zuerst von der Grundherrenklasse gelernt, sechs Jahre Konfuzius gelesen und sieben Jahre bürgerliches Zeug gelernt, insgesamt 13 Jahre; damals, als ich über 20 war, wußte ich überhaupt nichts von Marx, erst nach der Oktoberrevolution in Rußland habe ich von Marx erfahren und seine Bücher gelesen.»

Helmut Martin (Hg.):
Mao Zedong – Texte. Band 4.
München 1982, S. 427

sich vor allem durch seinen Eifer beim Selbststudium aus und verschlang alle Bücher, die er in der Provinzbibliothek in die Hände bekommen konnte.[17] Er fühlte sich in der Bibliothek wie *ein Büffel im Gemüsefeld*, gestand er später. Mao las chinesische Klassiker, Romane, Schriften konfuzianischer Reformer und Nationalisten sowie chinesische Übersetzungen der Schriften von Montesquieu, John Stuart Mill, Jean-Jacques Rousseau, Adam Smith und Charles Darwin.[18] Besonders verehrte Mao aber den chinesischen Reformer Kang Youwei (1858 – 1927), der versuchte, seine Interpretation des Konfuzianismus zusammen mit westlichen Ideen zur Utopie einer Welt ohne Klassen, Staaten, Familie und Rassenunterschiede zu verschmelzen. Auch für populäre Romane wie «Die Räuber vom Liangshan-Moor» konnte er sich begeistern. Durch diese Räubergeschichte kam Mao mit den Ideen der Guerillataktik in Berührung.

Individualismus, Anarchismus und Neue Dorfbewegung

Nachdem sich Mao an Schulen für Polizeiwesen, Seifenproduktion, Jura und Handel versucht, aber enttäuscht wieder aufgehört hatte, schrieb er sich bei der Ersten Lehrerbildungsanstalt der Provinz ein. Im Sommer 1917 ging Mao mit seinem Schulkameraden Xiao Yu ohne einen Pfennig Geld in der Tasche auf Wanderschaft durch Hunans Dörfer. Sie nahmen nur ein Bündel mit, welches sie auf ihren Regenschirmen trugen. Die beiden schliefen unter freiem Himmel und bettelten besonders Familien von Intellektuellen um Essen an. Auf ihrer Wanderschaft mussten Mao und sein Freund ihren Hunger manchmal auch mit Wurzeln oder Wildkräutern stillen. Später veröffentlichte Xiao Yu in den USA die eher romanhafte Erzählung über diesen Sommer,

«Mao Zedong und ich waren Bettler», die zur weiteren Legendenbildung beitragen sollte.[19] Trotz dieser Abenteuer schloss Mao bis 1918 seine Ausbildung zum Mittelschullehrer ab. In dieser Zeit wurde er zum politischen Aktivisten und gründete verschiedene Gruppen, so auch die «Studiengesellschaft des Neuen Volkes». Einen prägenden Einfluss auf Mao hatte sein Lehrer und zukünftiger Schwiegervater Yang Changji (1871–1920), der ihn in intellektuelle Kreise einführte.

Die zaghaften Experimente mit der Demokratie in China scheiterten wenige Jahre nach der Xinhai-Revolution von 1911, und Warlords, regionale Militärmachthaber, übernahmen mit ihren Armeen die Macht. Wie viele junge Studenten bewegte Mao die Idee, China von der Herrschaft der Warlords und Imperialisten zu befreien. In diesen Jahren war er aber ein eifrig Suchender, der noch keine Antwort auf die Frage des richtigen Weges gefunden hatte. Mao entwickelte eine Bewunderung für starke Männer wie Napoleon oder auch den Legalisten Shan Yang (390–338 v. Chr.), der strenge Gesetze und drakonische Strafen als Form der Regierung befürwortete.[20] Gleichzeitig begeisterte Mao sich aber auch für das Ideal des Individualismus. In der chinesischen Reformbewegung entstand ein wahrer Kult um das Individuum, um sich von den konfuzianischen Traditionen der Unterordnung unter Kaiser und Vater zu lösen. Mit großem Interesse studierte Mao 1917 «Das System der Ethik» des deutschen Philosophen Friedrich Paulsen (1846–1908), in dem das Individuum zum Ausgangspunkt des Denkens gemacht wird.[21] Hier sehen einige Biographen die Anfänge von Maos Voluntarismus, nach dem der Wille des genialen Strategen mehr galt als historische Gesetzmäßigkeiten.

Mao fühlte sich als kosmopolitischer Weltbürger, der aber in der chinesischen Tradition verwurzelt blieb. Im

Unterschied zum damaligen Zeitgeist sah Mao in einer vollständigen Verwestlichung Chinas nie einen Ausweg aus der Krise. Freunde und politische Mitkämpfer organisierten zu diesem Zeitpunkt Auslandsaufenthalte als Werkstudenten in Frankreich. Mao lehnte die Teilnahme mit der Begründung ab, er wolle sich auf die Probleme Chinas konzentrieren. Nach dem Abschluss seiner Lehrerausbildung unterrichtete er in Abendkursen Arbeiter und Handelsgehilfen. Als sein Lehrer Yang Changji einen Lehrauftrag an der renommierten Beijing-Universität erhielt, verschaffte er Mao im August 1918 eine Anstellung als Bibliothekar in dem intellektuellen Zentrum des Landes.

Zum damaligen Zeitpunkt entdeckten viele chinesische Intellektuelle auf der Suche nach neuen Wegen den Marxismus, den die russische Oktoberrevolution von 1917 weltweit populär gemacht hatte. Sowjetrussland bot sich außerdem als Bündnispartner aller «unterdrückten Völker» gegen den Imperialismus an. In Beijing lernte Mao Zedong die führenden Marxisten Chinas wie Li Dazhao (1888 – 1927) und Chen Duxiu (1879 – 1942) kennen, ohne allerdings einen großen Eindruck auf sie zu machen. Mao interessierte sich für den russischen Kommunismus, war aber zunächst von der Notwendigkeit einer gewaltsamen Revolution in China nicht überzeugt. Wie viele seiner gebildeten Zeitgenossen fühlte er sich vom Anarchismus angezogen, der um 1919 sogar stärker als der Marxismus unter den chinesischen Intellektuellen verbreitet war. In den Ideen der gegenseitigen Hilfe und Kooperativen des russischen Anarchisten Pjotr Kropotkin (1842 – 1921) sah Mao eine friedliche Alternative zu einer gewaltsamen Revolution.

Schon im März 1919 kehrte Mao nach Hunan zurück und beteiligte sich an den Studentenunruhen, die Anfang Mai ausbrachen. Am 4. Mai kam es überall im Land zu Demonstrationen gegen die Regierung in Beijing, die der Entscheidung der Friedenskonferenz in Versailles, die ehemalige deutsche Kolonie Qingdao an Japan abzutreten, anstatt sie an China zurückzugeben, zugestimmt hatte. Die 4.-Mai-Bewegung gab der Idee des Antiimperialismus enormen Auftrieb und führte nicht zuletzt zu einer Hinwendung der Intellektuellen zu dem Gedankengut des Marxismus.

Mao begeisterte sich auch für die japanische «Neue Dorfbewegung», die auf dem Land Kommunen gründen wollte, in denen Produktion und Bildung miteinander verbunden werden sollten. Mao träumte vom «Neuen Dorf», das über eigene Schulen, Banken, Fabriken, Krankenhäuser, Museen, Theater, Bibliotheken, Kinderkrippen und Altenheime verfügen sollte.[22] Dieser Entwurf nahm schon in Umrissen die 1958 in ganz China eingeführte Volkskommune vorweg. Damals erkannte Mao, dass man durch Bildung allein China nicht verändern konnte. Er entdeckte nach der 4.-Mai-Bewegung die Volksmassen als die neuen Helden, allerdings ohne der marxistischen Theorie des Klassenkampfs anzuhängen. Die große Einheit von Bauern, Arbeitern, Studenten, Frauen, Lehrern, Polizisten und Rikschafahrern solle in China weitreichende Reformen ermöglichen, schrieb er im «Xiang Fluss Review», den er selbst mitbegründet hatte.[23] *Das Volk und nur das Volk ist die Triebkraft, die die Weltgeschichte macht* – dies wurde später zu einem zentralen Grundsatz des Maoismus.[24]

Um die Massen auch erreichen zu können, begann Mao wie viele fortschrittliche Chinesen zu dieser Zeit, nicht mehr in klassischem Chinesisch zu schreiben, sondern benutzte Baihua, eine Schriftform, die sich stärker an der Umgangssprache orientierte. Im Vordergrund seiner politischen Forderungen, die er in seinen Artikeln propagierte, stand für ihn der Kampf gegen die Warlords und für demokratische Rechte. Zeitweise trat er sogar für die Selbstregierung beziehungsweise Unabhängigkeit Hunans von China ein, um die Herrschaft der Warlords, die auch Massaker an Studenten und Arbeitern verübten, zu überwinden.[25] Dieser Aspekt wird in China heute nicht besonders betont, da es dem offiziellen Bild von Mao Zedong als großem Patrioten widerspricht.

Tief bewegte Mao im November 1919 der Selbstmord von Zhao Wuzhen, einem Mädchen aus Changsha, das sich aus Protest gegen eine Zwangsheirat das Leben genommen hatte. Mao schrieb zum Fall «Miss Zhao» zehn Artikel, in denen er das System der arrangierten Heiraten als Sklaverei geißelte und die freie Wahl des Partners propagierte.[26] Wahrscheinlich fühlte er sich durch «Miss Zhao» auch an seine eigene Zwangsheirat erinnert.

Die Entdeckung des Marxismus

Bei seinem zweiten Aufenthalt in Beijing trat Mao im November 1919 zusammen mit führenden Intellektuellen wie Hu Shi (1891 – 1962), einem späteren prominenten Gegner der Kommunisten, sowie Li Dazhao und Chen Duxiu in eine anarchistische Kommune ein. Die Kommune wollte ein neues kollektives Leben bei einem Arbeitstag von vier Stunden erproben. Nach drei Monaten brach das Projekt allerdings zusammen. Mao interessierte sich zunehmend für marxistische Ideen. In Beijing las Mao nach eigenen Angaben zum ersten Mal die chinesischen Übersetzungen von «Das Manifest der Kommunistischen Partei» von Karl Marx und Friedrich Engels und verstand die Theorie des Klassenkampfs.

Mao heiratete in diesem Jahr auch Yang Kaihui (1901 – 1930), die Tochter seines Lehrers und Förderers Yang

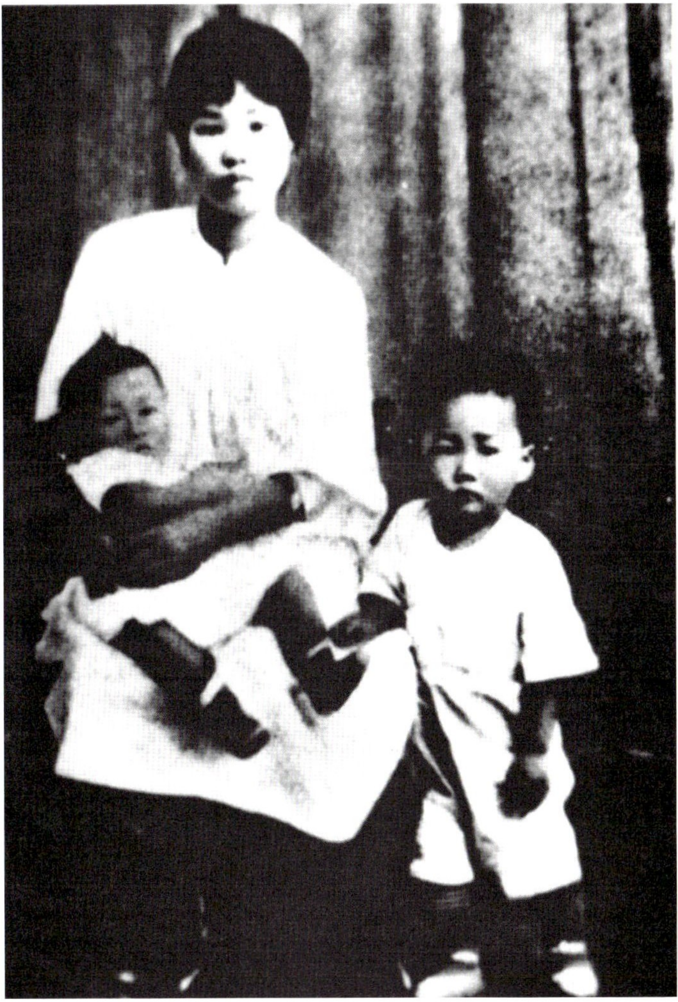

Maos zweite Frau, Yang Kaihui, mit den beiden ältesten Söhnen Anying (rechts) und Anqing in Shanghai, 1924

Changji. Dieses Mal handelte es sich um eine echte Liebesheirat. Mao war begeistert von der talentierten und intellektuellen Aktivistin. Mit ihr sollte er drei Söhne zeugen.

Mao ging im Herbst 1920 nach Changsha zurück. Im Umfeld einer neugegründeten Bücherkooperative und der «Gesellschaft für Russland-Studien» wurde eine kommunistische Parteizelle gegründet, die zunächst aus nur sechs Mitgliedern bestand. Im Juli 1921 reiste Mao als Delegierter Hunans nach Shanghai, um an der Gründung der Kommunistischen Partei Chinas unter der Leitung von Chen Duxiu teilzunehmen. Nun hatte der lange Suchende im Alter von 28 Jahren endgültig eine politische Heimat und Lebensaufgabe gefunden.

Mao als Parteikader

Als die KPCh gegründet wurde, bestand die kommunistische Bewegung in China aus kleinen Zirkeln von linken Intellektuellen. Die Parteigründung war kein Produkt der 1919 in Moskau gegründeten Kommunistischen Internationale, sondern viele kosmopolitische und fortschrittliche Intellektuelle der 4.-Mai-Bewegung radikalisierten sich und wandten sich dem Kommunismus zu. Die Vertreter der Komintern spielten jedoch von Beginn an eine wichtige Rolle. Die Komintern verstand sich damals als Weltpartei, die eine globale Revolution organisieren wollte. Die einzelnen nationalen Sektionen waren gegenüber der Führung in Moskau weisungsgebunden. Es sollte einige Jahre dauern, bis aus der KPCh eine richtige leninistische Kaderpartei wurde. Aufgrund der Größe Chinas und der politisch instabilen Lage gelang es der Komintern allerdings nie, die chinesische Partei effektiv zu kontrollieren, da die Zersplitterung des Landes in von ausländischen Mächten und von

Warlords beherrschte Gebiete eine größere Autonomie der KPCh möglich machte und Kommunikationswege häufig unterbrochen waren. Laut neueren Forschungen spielte Mao in der Partei von Beginn an eine wichtige Rolle[27], wenn auch der Vorsitzende Chen Duxiu die unbestrittene Position des geistigen Führers einnahm. Die Vertreter der Komintern waren es jedoch, die die chinesischen Genossen darauf trimmten, ihre intellektuellen Zirkel zu verlassen und sich den Massen zuzuwenden.

Zunächst arbeitete Mao als Sekretär der Hunaner Abteilung der KPCh in erster Linie in seiner Heimatprovinz. Mit der Hinwendung zu den Massen konnte er seine Fähigkeiten als Organisator der jungen Arbeiterbewegung unter Beweis stellen. In Hunan wurde er Vorsitzender mehrerer Gewerkschaften und leitete einige Streiks wie zum Beispiel den der Drucker und Bauarbeiter in der Provinzhauptstadt Changsha. Zum Zentrum der Bewegung wurde das Kohlenrevier Anyuan. Dort mussten die Kumpel vierzehn bis fünfzehn Stunden am Tag zu Hungerlöhnen arbeiten und lebten mit bis zu 60 Menschen zusammengepfercht in ärmlichen Unterkünften. Die Vorarbeiter hatten sogar das Recht, sie schlagen oder einsperren zu lassen.[28] Bei einem Besuch fragte Mao einen Arbeiter, was er sich am meisten wünsche. Als der antwortete, er wolle Lesen und Schreiben lernen, kam Mao auf die Idee, Abendschulen zu gründen. Diese Schulen wurden zum Rückgrat der Arbeiterbewegung. Mit Hilfe der beiden Hunaner Li Lisan (1899–1967), des späteren KP-Führers, und Liu Shaoqi (1898–1969), des späteren Präsidenten der Volksrepublik China, gelang es Mao, eine schlagkräftige Arbeiterbewegung auf die Beine zu stellen. Im Herbst 1922 streikten 13000 Kohlenarbeiter und 1000 Bahnarbeiter in Anyuan und errangen einen großen Sieg: Das Unternehmen musste ein zusätzliches Monatsgehalt einführen, die Löhne anheben und die Abendschulen und Arbeiterclubs finanzieren. Sogar der Achtstundentag wurde eingeführt. Anyuan wurde von nun an als das «kleine Moskau» im ganzen Land bekannt.

Mao und sein Vertreter vor Ort, Li Lisan, nutzten ihre klassische Bildung, um Eindruck zu machen und dadurch Vertreter der aufgeklärten lokalen Elite zu gewinnen. In ihren langen Gewändern, die damals Intellektuelle trugen, unterschieden sie sich äußerlich deutlich von den Arbeitern. Sie scheuten sich nicht, Briefe und Gedichte in klassischem Chinesisch zu verfassen. Damals unterstützten auch viele nationalistische oder sozialdarwinistisch eingestellte Intellektuelle und Teile der lokalen Eliten die Mobilisierung der Massen, um China wieder zu stärken. Während im übrigen China die Arbeiterbewegung von den Warlords blutig unterdrückt wurde und Streiks häufig gewaltsame Formen annahmen, gelang es Mao und Li Lisan, in Anyuan die nächsten drei Jahre eine friedliche und erfolgreiche Bewegung zu organisieren. Mao ließ in den Mittelpunkt der Agitation nicht den Klassenkampf stellen, sondern die Würde der Arbeiter, um möglichst breite Bündnisse zu schmieden.[29] 1924 kam mehr als ein Fünftel der Mitglieder der KPCh aus dem Kohlenrevier. Anyuan war auch das erste Beispiel für Maos geschickte Bündnispolitik, die ihn sein ganzes Leben lang auszeichnen sollte. In der Mythologie der chinesischen Revolution hat Anyuan bis heute eine zentrale Bedeutung. Das Gemälde «Der Vorsitzende Mao geht nach Anyuan» von 1967 gehört zu den am häufigsten reproduzierten Bildern überhaupt. Eine Kopie der stark idealisierten Darstellung des jungen Mao in langem Gewand vor einem bewölkten Himmel soll 1969 irrtümlicherweise im Vatikan unter dem Titel «Junger chinesischer Missionar» einige Monate ausgestellt worden sein.[30]

Eines der berühmtesten Gemälde: «Mao geht nach Anyuan».
Von Liu Chunhua, 1967

Eine entscheidende Wende der nationalen Politik leitete nach 1923 das Bündnis der Sowjetunion mit der GMD ein. Moskau sah zu diesem Zeitpunkt die Nationalisten als antiimperialistische Kraft, die als einzige Partei stark genug sei, China zu einigen. Die Sowjetunion versuchte, gegen den Imperialismus eine weltweite Front des «Proletariats der fortgeschrittenen Länder» zusammen mit den unterdrückten Völkern in den Kolonien aufzubauen. Es ist eine Paradoxie der Geschichte der chinesischen Revolution, dass zuerst die Guomindang von der Struktur her in eine leninistische Kaderpartei umgewandelt wurde. Die soziale Basis der Guomindang rekrutierte sich eher aus den aufgeklärten städtischen Eliten und nicht aus den Unterschichten. Die Partei übernahm ein Parteistatut nach leninistischem Vorbild[31] und propagierte in ihrem Programm neben der nationalen Befreiung Chinas auch eine Bodenreform und Verstaatlichung von Teilen der Industrie. Die Theorie des Klassenkampfs der Kommunisten teilte der Führer der Partei, Sun Yat-sen, aber nie. Die Idee, China durch eine starke Partei zu regieren, war nach dem kläglichen Scheitern der demokratischen Reformen nach 1911 nicht nur unter radikalen Linken populär. Mit Hilfe von Beratern und finanziellen Mitteln aus der Sowjetunion wurde die Militärakademie Huangpu als Kaderschmiede für die neu entstehende nationale Armee aufgebaut, die das sowjetische System der Politischen Kommissare einführte.

Als die KPCh einen «inneren Block» mit der GMD bildete und ihre Mitglieder in die Partei eintraten, übernahm auch Mao neue Funktionen. Viele der späteren Erzfeinde lernten sich in dieser Phase der Zusammenarbeit zwischen GMD und KPCh kennen. Zunächst leitete Mao die Propagandaabteilung der GMD in Wuhan und schließlich, ab Mai 1926, das Institut zur revolutionären Erziehung der Bauern in Guangzhou, an dem Kader für die Bauernbewegung trainiert wurden. Seit Mitte der zwanziger Jahre erhoben sich in Zentralchina Millionen Bauern gegen lokale Despoten, Armut oder Steuereintreiber. Mao erkannte vor diesem Hintergrund, dass die Bauern eine gewaltige Kraft der Revolution darstellen konnten. Die Bauern waren seiner Meinung nach

Mao Zedong

radikaler als andere Gruppen, weil ihre Bewegung schnell an die Grenzen der Dorftyrannei stoßen musste. Zunächst sah Mao die Bauern aber als Kraft der nationalen Revolution.[32] Während die Guomindang-Armee mit dem sogenannten Nordfeldzug 1926 erfolgreich die Warlords schlug und große Teile Chinas einte, organisierten die Kommunisten hinter den Linien Bauern- und Arbeiteraufstände. Erst im Verlauf des Nordfeldzugs wurde die KPCh zu einer national relevanten Massenpartei mit 58 000 Mitgliedern. Die Bedeutung des Nordfeldzugs ist für die weitere Entwicklung der chinesischen Revolution nicht zu unterschätzen. Die Revolutionäre waren nun bewaffnet, und eine Spirale der Gewalt und Gegengewalt setzte sich in Bewegung. So ließ zum Beispiel der Kommandeur des Nordfeldzugs und neue starke Mann in der GMD, Chiang Kai-shek (1887–1975), nach der Einnahme von Anyuan den Grubenleiter exekutieren.[33] Die Phase der friedlichen Arbeiterbewegung war beendet. Der junge und ambitionierte Militär Chiang wurde später zu Maos großem Konkurrenten um die Führung des neuen Chinas.

Die Entdeckung der Bauern

Im Frühjahr 1927 unternahm Mao eine einmonatige Reise nach Hunan. Allein in dieser Provinz organisierten sich zu diesem Zeitpunkt 1,5 Millionen Bauern in Bauernverbänden. Sein *Untersuchungsbericht über die Bauernbewegung in Hunan* wurde später zu einer seiner wichtigsten Schriften. In der Einleitung fielen die prophetischen Sätze: *Es dauert nur noch eine kurze Zeit, und in allen Provinzen Mittel-, Süd- und Nordchinas werden sich Hunderte Millionen von Bauern erheben; sie werden ungestüm und unbändig wie ein Orkan sein, und keine noch so große Macht wird sie aufhalten können.*[34] Die Aufgabe der Kommunisten sei es nun, sich an die Spitze des Aufstands zu stellen. Mao brach in seinem Artikel mit dem orthodoxen Marxismus, nach dem nur die städtischen Arbeiter eine wirklich revolutionäre Kraft darstellten. Im Gegensatz zu Lenin, der glaubte, selbst den Arbeitern müsse das revolutionäre Bewusstsein beigebracht werden, feierte Mao die Spontaneität und Schöpferkraft der bäuerlichen Massen. Die armen Bauern, die 70 Prozent der Landbevölkerung ausmachen würden, seien die entscheidende Triebkraft der

Revolution. Mao ging es nie nur um Pachtreduzierung und Bodenreform, sondern die soziale Ordnung des Dorfes sollte auf den Kopf gestellt werden. Mao berichtete von Sonderlisten von Gegnern der Revolution, Paraden von lokalen Despoten mit Schandhüten und Papiermützen durch die Dörfer, Fesselungen am Pranger, Verhören, Erschießungen zur «Ausrottung des feudalen Spuks» sowie von zerhackten Götterfiguren. Für Mao gehörte es zum Prozess der Befreiung der Massen, dass sie selbst Gewalt gegen ihre Unterdrücker ausübten.

Mao über revolutionäre Gewalt

«Zweitens ist eine Revolution kein Gastmahl, kein Aufsatzschreiben, kein Bildermalen oder Deckchensticken; sie kann nicht so fein, so gemächlich und zartfühlend, so maßvoll, gesittet, höflich, zurückhaltend und großherzig durchgeführt werden. Die Revolution ist ein Aufstand, ein Gewaltakt, durch den eine Klasse eine andere Klasse stürzt.»

Mao Tse-tung: Untersuchungsbericht über die Bauernbewegung in Hunan. In: Ausgewählte Werke, Band I. Beijing 1968, S. 27

Zunächst wurde aber die Kommunistische Partei selbst vom Terror schwer getroffen. Nach der Einnahme von Shanghai durch die GMD-Armee während des Nordfeldzugs holte Chiang Kai-shek zum entscheidenden Schlag gegen die Kommunisten aus. Durch das Bündnis waren die Kommunisten so stark geworden, dass der rechte Flügel der GMD den kommunistischen Einfluss und die Bewegungen der Arbeiter und Bauern fürchtete. Chiang ließ mit Hilfe der mafiosen «Grünen Banden» Tausende Arbeiter massakrieren, deren Aufstände ihm die Eroberung Shanghais erst möglich gemacht hatten. Im ganzen Land wurden in einer Welle des GMD-Terrors etwa 34 000 echte und vermeintliche Kommunisten ermordet. Weitere 40 000 Menschen wurden verwundet und 25 000 inhaftiert.[35] In Nanjing gründete Chiang eine neue nationale Regierung, die bis 1937 weite Teile Chinas kontrollierte. Während die Komintern der «rechtsopportunistischen Politik» des KP-Führers Chen Duxiu die Schuld an dem Desaster gab, war es in Chens Augen Stalin, der die Warnung bezüglich der GMD-Führung ignoriert hatte. Stalin hatte kein großes Vertrauen in die Fähigkeiten der chinesischen Kommunisten. Er schrieb an Wjatscheslaw Molotow, die Partei brauche für längere Zeit noch die «Nannies» der Komintern.[36] Ihr Programm sei nichts als eine Ansammlung von Phrasen, und die chinesischen Genossen hätten es versäumt, eine Agrarrevolution zu entfachen. Im Gegensatz zu der Legende, dass Stalin sich nach der Verkündung des Aufbaus des «Sozialismus in einem Land» in der Sowjetunion für die Weltrevolution nicht mehr interessierte, wissen wir heute durch die Archivfunde in Moskau, dass er die Ereignisse in China in allen Phasen genau verfolgte.

Der Erfolg des «inneren Blocks» und der Verzicht auf den Aufbau eigener Streitkräfte waren der KPCh zum Verhängnis geworden. Diese Niederlage sollte jedoch den Weg für den Aufstieg Maos und seiner ländlichen Revolutionsstrategie frei machen.

«Vom Land aus die Städte einkreisen»: der Weg zur Macht (1927–1949)

Jeder Kommunist muss diese Wahrheit begreifen: «Politische Macht kommt aus den Gewehrläufen.»[37] Zu dieser Ansicht sollte Mao nach dem Desaster des Bündnisses mit den Nationalisten kommen. Die Suche nach einem erfolgreichen Weg der Revolution führte ihn in den folgenden Jahren in die Berge und Höhlen des armen Hinterlands. Die Odyssee durch das ländliche China sollte zu den wildesten und gefährlichsten Zeiten seines Lebens werden und ihn nachhaltig prägen. Doch zunächst war Mao noch weit davon entfernt, zum Führer der chinesischen Revolution aufzusteigen.

Der Guerillakrieg in den Bergen

Im Sommer 1927 drängte die Kommunistische Internationale zum Aufbau einer revolutionären Armee in China. Mao wurde angewiesen, in Hunan aus rebellischen Bauern eine Armee zusammenzustellen und einen Aufstand zu organisieren, der allerdings blutig niedergeschlagen wurde. Die überlebenden Aufständischen flohen in die Nachbarprovinz Jiangxi. Mao zog sich mit seinen 1000 nur spärlich ausgerüsteten Kämpfern in die Bergregion nach Jinggangshan zurück, wo er sich schließlich mit den 4000 Soldaten des kommunistischen Kommandeurs Zhu De (1886–1976) vereinigte. Die Soldaten hatten keine einheitlichen Uniformen. Viele waren mit Speeren anstatt mit Gewehren bewaffnet. Die «Zhu-Mao»-Armee bildete die Keimzelle der neuen Roten Armee. Die enge Partnerschaft zwischen Mao, dem politischen Strategen, und Zhu, dem talentierten Kommandeur, sollte bis zum Sieg der Revolution 1949 andauern.

Jinggangshan war unter der Kontrolle von Banditen, die der Roten Armee Unterschlupf gewährten. Die Frage, wie die Partei mit Banditen umgehen sollte, war zentral, da sich im ganzen Land Millionen arbeits- und perspektivloser Bauernsöhne zu Banden zusammengeschlossen hatten und umherstreiften. Mao, der von der GMD selbst als «roter Bandit» beschimpft wurde, glaubte, dass mit Hilfe militärischer Schulung und politischer Erziehung Banditen in disziplinierte, revolutionäre Soldaten der Roten Armee verwandelt werden konnten.[38] Viele «Banditen» begannen in der Roten Armee ein neues Leben, andere ließen sich aber nicht vereinnahmen. So schwankte die Parteipolitik zwischen Überzeugungsarbeit, zeitlich begrenzten Bündnissen und der Unterdrückung von Banden hin und her. Mao konnte in den Bergen zum ersten Mal Erfahrungen mit Verwaltung und der praktischen Durchführung der Agrarrevolution sammeln. Revolutionärer Terror und eine radikale Agrarreform stießen bald an Grenzen. Soziale Reformen mussten häufig hinter militärischen Notwendigkeiten zurückstehen.[39] In den folgenden Jahren schwankte auch Mao zwischen radikalen und moderateren Varianten der Bodenreform. Die Kommunisten in Jinggangshan mussten lernen, mit den örtlichen Konflikten zwischen Alteingesessenen und neuen Siedlern sowie zwischen den Han-Chinesen und der Hakka-Minderheit umzugehen. Von der Parteiführung in Shanghai wurde Mao unter Druck gesetzt, Städte anzugreifen. Lokale Kommunisten fürchteten hingegen die Rache der Feinde bei einem Abzug der Roten Armee. Mao musste in dem roten Stützpunktgebiet seine Fähigkeit unter Beweis stellen, auf lokalen Netzwerken aufzubauen und Bündnisse zu schließen.

Im Frühjahr 1929 verließ die «Zhu-Mao»-Armee Jinggangshan und baute in der Provinz Jiangxi die roten Stützpunktgebiete weiter aus. Durch einen beweglichen Partisanenkrieg konnte die Rote Armee überleben. Die Parteiführung stand Maos Politik ablehnend gegenüber. Nachdem er im März 1928 seinen Posten im Politbüro verloren hatte, kritisierte das ZK mehrfach seinen «militärischen Opportunismus» und seine «unproletarische Taktik».[40] Mao gewann allerdings Zeit aufgrund der unzureichenden Kommunikationswege, echter und vorgetäuschter Krankheit sowie der Flügelkämpfe innerhalb der Komintern. Mit dreister Bauernschläue ignorierte er sogar den Befehl zum Abzug aus den Bergen.

Allerdings hatten Maos Widersacher in der Partei keine konkreten Erfolge vorzuweisen, und schließlich war auch Stalin von den Siegen von Maos rotem Basisgebiet beeindruckt. Die Parteiführung ließ Mao wohl oder übel gewähren. Um eines klarzustellen: Mao war weder der erste noch der einzige Kommunist in China, der die Strategie bäuerlicher Stützpunktgebiete propa-

«Vom Land aus die Städte einkreisen»: Maos Revolutionsstrategie

«Der mächtige Imperialismus und seine reaktionären Verbündeten in China haben sich nämlich seit langer Zeit in den Schlüsselstädten des Landes festgesetzt; und wenn die Revolutionäre keinen Kompromiß mit dem Imperialismus und seinen Lakaien eingehen, sondern den Kampf standhaft fortsetzen wollen, wenn sie ihre Kräfte zu sammeln und zu stählen beabsichtigen und, solange ihre Kräfte nicht ausreichen, einer Entscheidungsschlacht gegen den starken Feind ausweichen wollen, dann müssen sie die rückständigen Dörfer in fortschrittliche, gefestigte Stützpunktgebiete, in große militärische, politische, ökonomische und kulturelle Bastionen der Revolution verwandeln, von wo aus sie den tückischen Feind, der die Städte für den Angriff auf die ländlichen Gebiete ausnutzt, bekämpfen und in einem langwierigen Kampf Schritt für Schritt den vollständigen Sieg der Revolution erringen [...]. Somit ist es klar, daß der lange revolutionäre Kampf, der in solchen revolutionären Stützpunktgebieten geführt wird, in der Hauptsache ein Partisanenkrieg der Bauern unter Führung der Kommunistischen Partei Chinas ist.»

Mao Tse-Tung: Die chinesische Revolution und die KP Chinas. In: Ausgewählte Werke, Band 2. Beijing 1968, S. 367 – 368

gierte. Allerdings war er es, der die Strategie «Vom Land aus die Städte einkreisen» schließlich durch seine permanente Befehlsverweigerung in der Partei erfolgreich durchsetzen konnte. In seinen Schriften versuchte Mao, die Politik der Stützpunktgebiete gegen die Strategie der urbanen Revolution des Proletariats zu verteidigen. Da in China die Städte die Zentren der ausländischen Mächte und der Konterrevolution seien, könnten die Kommunisten sich leichter auf dem Land festsetzen, da dort ein Machtvakuum aufgrund der Konflikte zwischen den Warlords, GMD-Fraktionen, Banditen und lokalen Machthabern bestehe. Es sei ein Irrglaube, dass die Städte den Kopf des halbfeudalen Landes präsentieren würden, den man nur abschlagen müsse, um die Macht im Land zu übernehmen. In den ländlichen Stützpunktgebieten sollten die Kommunisten zunächst Erfahrungen mit der Durchführung der Revolution sammeln. Erst wenn sie stark genug seien, wären Angriffe auf die Städte und urbane Aufstände eine realistische Option.[41]

In diesen Jahren vollzogen sich dramatische Veränderungen in Maos Familienleben. Er verliebte sich in die achtzehn Jahre alte Funktionärin des Kommunistischen Jugendverbandes, He Zizhen (1910 – 1984), und beide wurden ein Paar. He war eine geschickte Guerillakämpferin und talentierte Schützin. In den Wirren des Bürgerkriegs zerbrachen unter den Aktivisten der Revolution viele Ehen, und neue wurden geschlossen. Eheschließung und Scheidung erfolgten in der Regel informell. Kinder mussten bei Bewegungen der Armee häufig zurückgelassen werden. Maos zweite Frau, Yang Kaihui, war nach dem Rückzug in die Berge wieder mit zwei Kindern nach Changsha zurückgekehrt. Um sich an Mao zu rächen, ließ die GMD Yang verhaften und vor den Augen ihres Sohnes Mao Anying (1922 – 1950) im November 1930 exekutieren. Der abgeschlagene Kopf von Maos Frau wurde am Stadttor von Changsha drei Tage lang zur Schau gestellt. Auch Maos jüngerer Bruder Mao Zetan (1905–1935) und seine Adoptivschwester Mao Zejian (1905–1929) wurden von der GMD ermordet. Sein anderer jüngerer Bruder, Mao Zemin (1895–1943), der die Staatsbank in der Sowjetregion leitete, fiel später dem Terror der Warlords in der Provinz Xinjiang zum Opfer.

Vom Dezember 1929 an vollzog sich unter dem neuen Generalsekretär Li Lisan eine erneute Linkswende. Seit den Tagen von Anyuan war Li ein Mann der Arbeiterbewegung und glaubte, vor dem Hintergrund des Aufschwungs der Weltrevolution wäre der Augenblick für Aufstände in den chinesischen Städten gekommen. Auch Mao ließ sich zu Anfang von dem Enthusiasmus einer neuen Offensive anstecken. Allerdings sah Mao den Schwerpunkt der Revolution

Mao Zedong, der United-Press-Korrespondent Earl Leaf, Zhu De und He Zizhen in Yan'an, nach 1935

weiterhin auf dem Land.[42] Als Li Lisan auch in der Mongolei einen Aufstand organisieren wollte, um sich dann mit der Roten Armee der Sowjetunion zu vereinigen, machte sich Stalin ernsthafte Sorgen, in den Konflikt in China militärisch hineingezogen zu werden. Auch Moskau fand Li vor diesem Hintergrund zu radikal. Das Scheitern der urbanen Aufstände und Attacken auf die Städte führte schließlich zur Absetzung von Li Lisan, der wie 1927 Chen Duxiu als Sündenbock für den Misserfolg herhalten musste.

Die Geschichte der KPCh ist wie bei keiner anderen kommunistischen Partei von internen Fraktions- und Machtkämpfen geprägt, die häufig relativ offen ausgetragen wurden. In dieser Zeit konnten Machtkämpfe in Partei und Armee schnell blutig eskalieren, da man sich im Krieg befand und die Fraktionen über relativ unabhängige Armeeeinheiten verfügten. Als Maos Soldaten Ende 1930 in Süd-Jiangxi eintrafen, rebellierten die lokalen Kader gegen die Anwesenheit der «Gastarmee». Mao ließ die «konterrevolutionäre Rebellion» unterdrücken. Im Verlauf der Aktionen des «Zwischenfalls von Futian» wurden über 4000 Rotarmisten und Parteikader getötet.[43] Zum ersten Mal kam es zu brutaler Gewalt in den eigenen Reihen. Trotz dieser internen Machtkämpfe und des Linienwechsels der Komintern konnten die roten Gebiete weiter ausgedehnt werden. Sie wurden am Jahrestag der russischen Oktoberrevolution, dem 5. November 1931, offiziell zur Chinesischen Sowjetrepublik zusammengeschlossen.

Mao als Vorsitzender der Chinesischen Sowjetrepublik (1931–1934)

Mao Zedong wurde der Vorsitzende der chinesischen Räterepublik. Deren Gebiet umfasste fünf bis sechs Millionen Einwohner, 30 000 Quadratkilometer und lag in den Provinzen Jiangxi und Fujian. Die regulären Streitkräfte der Roten Armee verfügten über mehr als 140 000 Soldaten. Auch wenn Mao 1931 seinen Posten im Politbüro der Partei wiederbekam, war er dennoch nicht Teil der obersten Führung der Partei und Armee. Die sogenannten «28 Bolschewiki» um Wang Ming (1904–1974), die in Moskau an der Sun-Yat-sen-Universität ausgebildet worden und nach China zurückgekehrt waren, versuchten die Führung zu übernehmen. Wang war im Marxismus-Leninismus bestens geschult. Er stellte Maos mächtigsten Gegenspieler dar, obwohl er sich zwischen Ende 1931 und 1937 in Moskau und nicht in China aufhielt. Als Vertreter der KPCh in Moskau und Mitglied des Exekutivkomitees der Komintern hatte er einen direkten Draht zur sowjetischen Führung und Stalin. Die Parteiführung in China lag in den nächsten Jahren in den Händen von Bo Gu (1907–1946) und Zhou Enlai (1898–1976). Zhou, Maos späterer treuer Premierminister, stand zu diesem Zeitpunkt auf der Seite der Komintern. Als die Parteiführung 1932 ihren Sitz von Shanghai in die Sowjetrepublik verlegte, konnte Mao ihre Weisungen nur noch schwer ignorieren.

Die radikale linke Politik in den Sowjetgebieten basierte auf verschärftem Klassenkampf und «affirmativer Aktion» (positive Diskriminierung) für Arbeiter und arme Bauern. Laut der Verfassung der Chinesischen Sowjetrepublik hatten nur Arbeiter und Bauern das Wahlrecht. Andere Bevölkerungsgruppen wurden von den Räten und dem Eintritt in die Rote Armee ausgeschlossen. Bei der Bodenreform wurde «Großgrundbesitzern» überhaupt kein Land zugeteilt und «reichen Bauern» nur schlechte Böden. Die Sowjetregierung garantierte allen Soldaten Land und versorgte ihre Familien. Die Kommunisten duldeten zwar private Wirtschaft, aber nur unter strengen Auflagen und der Androhung von Konfiszierung des Eigentums bei Verstoß gegen die Gesetze. Ein neues Ehegesetz sagte den patriarchalen Strukturen den Kampf an. Frauen bekamen das Recht auf Scheidung, eigenes Land und Bildung zugesprochen. Für die Wahlen zu den Abgeordneten der Sowjets wurde eine Frauenquote von 25 Prozent festgelegt. Das Ehegesetz war für damalige Verhältnisse äußerst fortschrittlich und revolutionär. 1932 erklärte Mao als Vorsitzender der Chinesischen Sowjetregierung Japan den Krieg, das im Jahr zuvor die Mandschurei besetzt hatte. Die Kriegserklärung blieb allerdings ohne Auswirkungen, da sich die japanische Armee weit entfernt befand.

In den Sowjetgebieten konnte Mao wertvolle Erfahrungen sammeln und hatte vor allem Zeit, Untersuchungen in den Dörfern durchzuführen. Schon 1930 hatte er seine später berühmt gewordene Untersuchung im Kreis Xunwu begonnen.[44] Akribisch sammelte er Daten zu Einkommen, Handel, Bodenverteilung, Zahl der Prostituierten sowie anderen Aspekten des ländlichen Lebens und führte Interviews mit Bauern durch. Sein Motto *Wer nicht selbst eine Untersuchung durchgeführt hat, hat kein Recht mitzureden*[45], richtete sich indirekt gegen den Buchglauben der orthodoxen Genossen. In der Landuntersuchungs-Bewegung überprüfte Mao auch den Klassenstatus der Bauern neu. Tausende «reiche Bauern» wurden zu «Mittelbauern» zurückgestuft.[46] Die Landuntersuchungen zeigten außerdem, dass die Genossen den Klassenstatus häufig nur «eingeschätzt» und nicht nach klaren Kriterien untersucht hatten. Mao schärfte den Partei-

Die Konterrevolution marschiert: «Die Schlingen des Gesetzes». Holzschnitt von Chen Tiegeng, 1933

mitgliedern ein, ernsthafte Untersuchungen durchzuführen, anstatt zum Beispiel aufgrund der Kleidung jemanden als Angehörigen der Gentry, der lokalen Elite, einzuteilen.

In diesen Jahren entwickelte Mao die Idee der Massenlinie. Diese Idee sollte später zum Markenzeichen des Maoismus werden. In alle Untersuchungen und Kampagnen müssten die Massen selbst mit einbezogen werden und ihre Erfahrungen sammeln. Die Kommunistische Partei könne nur die Avantgarde der Revolution sein, wenn sie sich auf die Massenlinie stütze. Als Vorsitzender der Chinesischen Sowjetregierung kritisierte Mao deshalb, dass die ersten Wahlen ohne eine Mobilisierung der Massen durchgeführt oder dass die Gesetze zur Beteiligung der Frauen an der Politik teilweise ignoriert wurden.[47] In der formalisierten Politik lebloser Institutionen sah Mao schon damals eine große Gefahr für die Revolution. Mao und Parteiführer in anderen Stützpunktgebieten begannen mit Modelldörfern zu experimentieren. Bevor eine neue Politik überall eingeführt wurde, konnte sie in einem Dorf erprobt werden. Bei einem Erfolg konnte das Dorf dann als Modell für andere dienen. Diese dezentralen Experimente sollten China bis heute vom sowjetischen Modell des Sozialismus unterscheiden.

In den Sowjetgebieten wurden aber nicht nur soziale Reformen durchgeführt, sondern es fand auch blutiger Terror statt. In den von Mao und seinem Stellvertreter Zhang Guotao (1897–1979) unterzeichneten Dokumenten wurde häufig und völlig offen die Erschießung von «Konterrevolutionären» angeordnet.[48] Auch dort trugen die Fraktionen innerhalb der Partei und der Armee ihre Kämpfe weiterhin blutig aus. Der «Kampagne zur Ausrottung der Konterrevolutionäre» fielen 1931 2500 Rotarmisten zum Opfer. Insgesamt soll diese Kampagne bis 1934 laut einer Untersuchung der KPCh aus den 1980er Jahren 70000 Menschenleben gekostet haben.[49] Die heutigen chinesischen Parteihistoriker machen für die Exzesse vor allem Maos Stellvertreter Zhang Guotao verantwortlich. Es ist typisch, dass chinesische Parteihistoriker andere Führer als Sündenböcke für die schlimmsten Exzesse präsentieren. Nach der Ankunft von Zhou Enlai wurde durch die Schaffung der Politischen Abteilung für Staatsschutz der Terror zentralisiert und dadurch eingedämmt.[50] Zhang Guotao wurde in die Provinz Sichuan geschickt, um dort eine neue Basis aufzubauen.

Vergessen sollte man in diesem Zusammenhang nicht, dass sich die Sowjetrepublik in permanentem Kriegszustand mit der Guomindang befand. Chiang Kai-shek wollte zu diesem Zeitpunkt erst China «befrieden», um dann gestärkt gegen Japan vorgehen zu können. Mit vier «Einkreisungs- und Vernichtungsfeldzügen» hatte er trotz weit überlegener Truppenstärke vergeblich versucht, die roten Gebiete zu erobern. Das Scheitern der Vernichtung

Der Führer der GMD, Chiang Kai-shek, um 1930

der Sowjetrepublik bis 1934 lag nicht nur an der mobilen Guerillakriegsführung der Kommunisten, sondern auch an den internen bewaffneten Konflikten in der Guomindang, die Chiang mehrfach zur Änderung seiner militärischen Prioritäten veranlassten. Der fünfte Einkreisungsfeldzug, für den Chiang 1,5 Millionen Soldaten aufbot, war im Sommer 1934 jedoch erfolgreich. Die Parteiführung der KPCh entschied sich für den Rückzug. An den Rotarmisten, die aufgrund von Verletzungen zurückbleiben mussten, nahm die GMD blutige Rache. Die auf die Evakuierung folgende Rückzugsbewegung begann im Oktober. Die Flucht vor der drohenden Vernichtung glorifizierte die Partei später als «Langen Marsch». Mao und He Zizhen mussten ihren Sohn bei Bauernfamilien zurücklassen und sahen ihn nie wieder.

Vom Langen Marsch zum Antijapanischen Widerstandskrieg

86 000 Soldaten der Roten Armee machten sich in Südchina auf den Weg in das rote Stützpunktgebiet in Shaanxi in Nordchina. Die Parteiführung glaubte, dass die Rote Armee dort die Unterstützung der Sowjetunion erhalten und überleben konnte. Der Marsch durch die Hochgebirge Westchinas sollte 370 Tage und über 12 500 Kilometer dauern. Nach der Gründung der Volksrepublik China 1949 wurde der Lange Marsch zum zentralen Heldenepos der chinesischen Revolution. In unzähligen Büchern und Filmen wird der Mythos des Langen Marsches in China bis heute immer wieder reproduziert. Jung Chang hat in ihrer Mao-Biographie versucht, diesen Mythos zu dekonstruieren. Mao habe sich

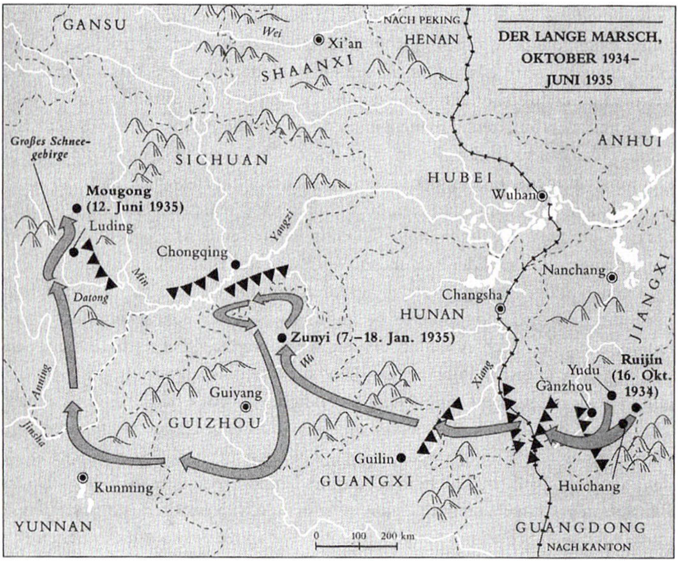

Der Lange Marsch durch Chinas Hinterland, 1934/35

auf dem Langen Marsch in einer Sänfte tragen lassen und viel gelesen.[51] Diese Geschichte wird durch die Erinnerungen von Maos damaligem Bodyguard Ye Zilong bestätigt. Er räumt allerdings ein, dass Mao auch Verletzte in seine Sänfte ließ und er ihn auch oft selbst laufen sah.[52] Auch während der Revolution traten die chinesischen Kommunisten übrigens nie für «absolute Gleichmacherei» ein. Zuteilung gab es in der Regel gemäß der Ränge, und der Schutz der Führer wurde für die Sache der Revolution als zentral angesehen. Bodyguard Ye präsentiert die Geschichte von der Sänfte in seinen in China veröffentlichten Memoiren daher im Unterschied zu Chang nicht als Skandal oder Neuigkeit.

Zunächst begann der Lange Marsch mit katastrophalen Niederlagen gegen die GMD Anfang Dezember 1934. Allein in einer Schlacht verloren die Kommunisten über 40000

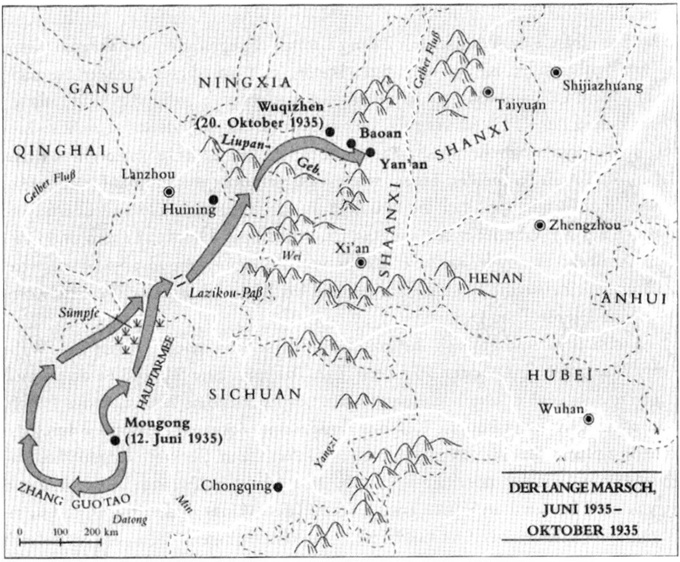

Soldaten. Der Parteiführer Bo Gu und der von der Komintern entsandte Militärberater Otto Braun (1900–1974) hatten die Strategie offener Feldschlachten im Gegensatz zu Maos beweglichem Partisanenkrieg verfolgt. Der Deutsche Braun war der einzige Ausländer auf dem Langen Marsch. Der chaotische Rückzug aus den Sowjetgebieten und die Niederlagen diskreditierten die Militärstrategie von Bo und Braun. Auf der Konferenz von Zunyi im Januar 1935 in der Provinz Guizhou wurde die Führungsriege Bo und Braun abgesetzt. Die Konferenz wählte Mao in die dreiköpfige «Kommission für militärische Angelegenheiten», die das Kommando über die Armee innehatte. Zum neuen Generalsekretär der Partei wurde der in Moskau ausgebildete Zhang Wentian (1900–1976) gewählt, der spätere Außenminister der Volksrepublik China.[53] Neue Forschungen haben die Annahmen, dass Mao schon 1935 der unumstrittene Führer der KPCh war, ins Reich der Legenden verwiesen.

Im Mai 1935 vereinigte sich Maos 1. Frontarmee, die über 7000 Soldaten verfügte und die vom Zentralkomitee der Partei begleitet wurde, mit der 4. Frontarmee unter Führung Zhang Guotaos in der Provinz Sichuan. Zhang verfügte noch über 80 000 Soldaten. Diese Tatsache zeigt, dass Mao zu diesem Zeitpunkt noch weit davon entfernt war, die gesamte Rote Armee zu kontrollieren. Zwischen Mao und Zhang brach ein Streit über die Marschrichtung aus. Als Zhang sich weigerte, nach Norden zu marschieren, trennten sich die Armeen, und die Spaltung der kommunistischen Bewegung drohte. Zhangs Entscheidung erwies sich als Desaster. Seine Armee wurde in der Folge fast vollständig von Warlords vernichtet. Mao verlor damit einen starken Gegner in der Partei, da Zhang über keine eigene Armee mehr verfügte und von der Parteiführung nicht unterstützt wurde.

Die Rote Armee war auf dem Langen Marsch auf die Unterstützung und Versorgung durch die lokale Bevölkerung angewiesen. Deshalb verzichtete sie nun auf extreme Maßnahmen. Die Tage des radikalen Klassenkampfs in den Sowjetgebieten waren vorbei. Gegenüber den ethnischen Minderheiten, die den Westen Chinas besiedelten, wurde eine umsichtige Politik betrieben, und religiöse Bräuche wurden respektiert.

Die entscheidende Wende vollzog sich aber nicht in China, sondern auf dem 7. Weltkongress der Komintern in Moskau im Sommer 1935. Vor dem Hintergrund des Auf-

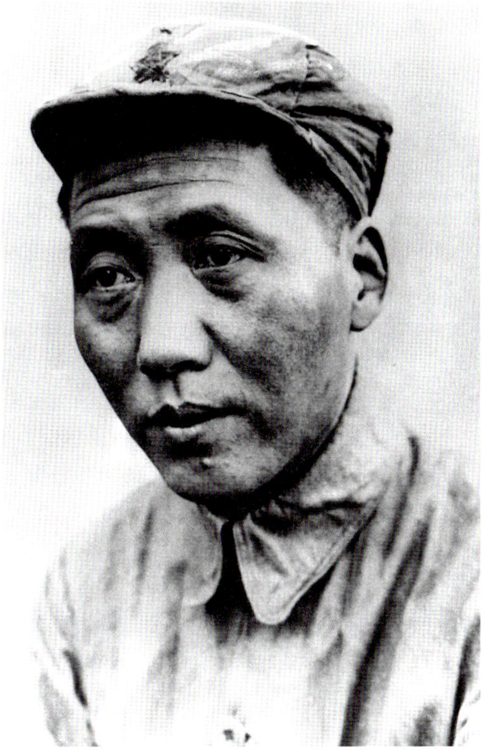

Mao Zedong, von den Strapazen des Langen Marsches gezeichnet, 1936

stiegs des deutschen Faschismus und der Kriegsgefahr beschloss der Kongress die Strategie der Volksfront, die auf einem breiten politischen Bündnis beruhen sollte. In Frankreich und Spanien traten die Kommunisten später sogar in Regierungen ein. Der Kontakt der Parteiführung der KPCh mit der Komintern war zeitweise unterbrochen. Auf dem Langen Marsch hörten die Genossen von dem in Moskau verfassten Aufruf zur Volksfront in China, «Botschaft an die Landsleute über den Widerstand gegen Japan zur Rettung der chinesischen Nation»[54]. Alle patriotischen Chinesen sollten für den Kampf gegen die japanischen Besatzer gewonnen werden und den Bürgerkrieg beenden. Obwohl Japan im Lauf des Jahres 1935 Teile Nordchinas und der Mongolei faktisch unter Kontrolle gebracht hatte, weigerte sich Chiang Kai-shek, Japan den Krieg zu erklären, weil er einen Kampf für aussichtslos hielt.

Besonders Stalin drängte auf ein Bündnis aller Patrioten in China, da die Sowjetunion mit Japan seit der Besetzung der Mandschurei eine lange gemeinsame Grenze besaß. Die Sowjetunion bemühte sich, zur Regierung in Nanjing wieder gute Beziehungen herzustellen.[55] Im Falle eines deutschen Angriffs im Westen wäre die Ostflanke der Sowjetunion ungedeckt und die Eroberung Sibiriens durch Japan möglich. Ein starkes China betrachtete Stalin als notwendig, um die japanische Expansion zu verhindern. Die chinesischen Kommunisten auf dem Langen Marsch konnten aufgrund ihrer geographischen Position zu diesem Zeitpunkt keinen militärischen Beitrag zu einem möglichen Krieg gegen Japan leisten. In der Mandschurei agierten jedoch unabhängige kommunistische Partisaneneinheiten gegen die japanische Armee.

Im Oktober 1935 erreichten nur etwa 8000 bis 9000 Überlebende des Langen Marsches das rote Stützpunktgebiet Yan'an in der Grenzregion der Provinzen Shaanxi, Ningxia und Gansu. Der Rest ihrer Kameraden war den Angriffen von Warlords und GMD, Hunger, Krankheiten oder Kälte zum Opfer gefallen. Mao sollte die nächsten zwölf Jahre seines Lebens in einer Höhle in der ärmlichen Lössregion verbringen.

In dem roten Stützpunktgebiet lebten 1,5 Millionen Menschen. Auch in diesem Fall gelang es Mao, die Situation zu nutzen, um neue Kräfte zu sammeln. In Yan'an hatten die Kommunisten viel Zeit, über ihre Erfahrungen nachzudenken. Um die Unterstützung einer möglichst breiten Basis der Bevölkerung zu gewinnen, wurde die radikale Politik der Enteignung der Großgrundbesitzer und reichen Bauern aufgegeben. Eigentum wurde respektiert, solange der Besitzer ein chinesischer «Patriot» war und nicht mit Japan kollaborierte. Private Wirtschaft und Handel wurden unter Kontrolle zugelassen. Statt mit Hilfe der sozialen Revolution versuchte die Partei, durch Pachtreduzierung und Gruppen zur gegenseitigen Hilfe das Leben der Bauern zu verbessern. Um die lokale Bevölkerung nicht zu stark durch Abgaben zu belasten, wies Mao die Armee an, eine eigene landwirtschaftliche Produktion aufzubauen. Nach den blutigen Fraktionskämpfen in der Roten Armee strebte die Partei nun an, Konflikte friedlich zu lösen. In Yan'an waren Exekutionen selten und nicht Mittel des politischen Alltags wie in den Sowjetgebieten.[56] Das aus dem Russischen übertragene Wort «sowjet» (suwei'ai) strichen die chinesischen Kommunisten aus ihrem Vokabular und betonten nun den Patriotismus. Mit dieser neuen Politik wurde der Kommunismus auch für die urbanen Mittelschichten Chinas attraktiver. Die GMD-Regierung machte sich mit ihrer Ablehnung, gegen Japan den Krieg zu eröffnen, und der Unterdrückung demokratischer Freiheiten unter den ge-

Alphabetisierung in den Höhlen von Yan'an. Holzschnitt

bildeten Schichten immer mehr Feinde. Yan'an wurde zum Magneten für viele patriotische Intellektuelle und Studenten, die nach Shaanxi gingen, um einen Beitrag im Widerstandskrieg gegen Japan zu leisten. Neben dem Langen Marsch nimmt Yan'an eine zentrale Rolle in der Mythologie der chinesischen Revolutionsgeschichte ein. Das rote Stützpunktgebiet wird als egalitäre Gemeinschaft beschrieben, in der selbstlose Revolutionäre Reformen erprobten, die später zur Grundlage des neuen Chinas wurden. Noch heute beschwört die KPCh den «Geist von Yan'an», wenn die Parteikader ermahnt werden, nicht korrupt zu sein.

Zur Legendenbildung um Yan'an trug aber auch der US-amerikanische Journalist Edgar Snow bei. Im Sommer und Herbst 1936 besuchte er das Stützpunktgebiet und führte nächtelang Interviews mit Mao. Snows Reportagen, die in renommierten US-Magazinen wie «Life» erschienen, und sein Buch «Roter Stern über China» machten Mao zum

Mao hält einen Vortrag vor Studenten, 1938

ersten Mal international bekannt und widerlegten die Meldungen über seinen Tod. Die Reportagen sowie chinesische Übersetzungen des Buches steigerten Maos Popularität auch in den von der GMD kontrollierten Gebieten.[57]

In Yan'an lernte Mao Jiang Qing (1914–1991) kennen, die mit 23 Jahren ihre Karriere in Shanghai als Schauspielerin aufgegeben hatte, um an der Revolution teilzunehmen. Seine dritte Frau, He Zizhen, hielt sich zu diesem Zeitpunkt zur ärztlichen Behandlung in der Sowjetunion auf. Der Parteiführung war Jiang Qing aufgrund ihrer früheren Ehe mit einem Geschäftsmann und ihres lockeren Boheme-Lebens in Shanghai suspekt. Schließlich stimmte die Parteiführung Maos Ehe mit Jiang Qing zu. Sie müsse aber versprechen, keine politischen Funktionen zu übernehmen. Ihr wurde die Aufgabe zugewiesen, Mao zu versorgen. Die Boheme-Dame aus Shanghai musste erst mal lernen, nach Maos Geschmack zu kochen. Niemand ahnte zu diesem Zeitpunkt,

Mao und seine vierte Frau, Jiang Qing, in Yan'an

dass Jiang Qing 30 Jahre später zur mächtigsten Frau Chinas aufsteigen sollte.

Im Winter 1936 ereignete sich der Zwischenfall von Xi'an, der eine Wende in der nationalen Politik auslöste. Bei einem Besuch in Xi'an wurde Chiang Kai-shek von Marschall Zhang Xueliang (1901–2001), dem ehemaligen Warlord der Mandschurei, entführt. Zhangs Truppen hatten sich nach der Eroberung der Mandschurei nach Shaanxi zurückgezogen und zuerst gegen die Kommunisten gekämpft. Die Führung der KPCh, darunter auch Mao, hoffte, dass Zhang ihren Erzfeind Chiang exekutieren würde. Nun schaltete sich aber die sowjetische Regierung ein. Die Parteizeitung «Prawda» verurteilte die Entführung als projapanische Provokation. Stalin reagierte äußerst erbost und setzte alle

Hebel in Bewegung, um die KPCh zu Verhandlungen mit Zhang zu bewegen.[58] Schließlich stimmte Zhang Xueliang der Freilassung von Chiang zu. Als Bedingung musste Chiang jedoch wohl oder übel die Einheitsfront mit den Kommunisten im Kampf gegen Japan akzeptieren und den Bürgerkrieg einstellen. Ohne das Eingreifen Stalins wäre die Einheitsfront der chinesischen «Patrioten» wohl nicht zustande gekommen. Als nach dem sogenannten «Zwischenfall an der Marco-Polo-Brücke» vom 7. Juli 1937 die japanische Armee begann, Beijing und Tianjin zu erobern, eröffnete die GMD-Regierung den Widerstandskrieg gegen Japan und mobilisierte alle Kräfte. Darauf schloss die Sowjetunion einen Nichtangriffspakt mit der GMD-Regierung.

Die Zusammenarbeit zwischen GMD und KPCh fand nun unter anderen Bedingungen als Mitte der zwanziger Jahre statt. Die Rote Armee wurde in Neue 4. und 8. Route Armee umbenannt, war aber nur formal in die nationalen Streitkräfte integriert. Die Einheitsfront gegen Japan war in der Führung der KPCh unumstritten. Mit der Rückkehr von Wang Ming nach China im Herbst 1937 brach in der Parteiführung jedoch ein Konflikt über die Form der Zusammenarbeit mit der Guomindang aus. Wang Ming wollte wie Stalin das Bündnis intensivieren und die kommunistischen Streitkräfte auch de facto dem Kommando Chiang Kai-sheks unterstellen. Mao verteidigte hingegen die Unabhängigkeit der 8. Routen Armee und befürwortete auch im Krieg gegen Japan die bewegliche Guerillastrategie in den Bergregionen.[59] Der «innere Block» mit der GMD hatte 1927 Tausende Kommunisten das Leben gekostet. Das sollte nicht noch einmal passieren. Falls Chiang das Kommando über die kommunistischen Streitkräfte bekommen hätte, wäre es ihm möglich gewesen, sie in offenen Feldschlachten gegen die überlegenen Japaner zu verheizen. Mao vertrat in seinen militärischen Schriften hingegen die Ansicht, dass erst dann, wenn der Feind in einem langwierigen Bewegungskrieg von regulären Truppen und bäuerlichen Partisaneneinheiten genügend geschwächt sei, China zu einem Stellungskrieg übergehen könne.[60] Da die Japaner Städte und Verkehrslinien kontrollierten, sollte wieder das ländliche China die Basis der militärischen Aktionen sein.

Aufgrund dieser Haltung Mao den Vorwurf zu machen, er hätte am Widerstand gegen Japan kein Interesse gezeigt, ist absurd. Einige Mao-Biographen haben versucht, Mao als gleichgültigen Zyniker darzustellen, der die japanische Aggression als willkommenes Mittel zur Schwächung der GMD ansah. Die kommunistische Armee leistete in insgesamt acht Basen des antijapanischen Widerstands einen wichtigen militärischen Beitrag, um die japanischen Truppen im Norden zu binden. Die kommunistischen Truppen konnten unter den Kommandeuren Lin Biao (1907 – 1971) und Peng Dehuai (1898 – 1974) 1937 und 1940 den Japanern erheblichen Schaden zufügen. Diese Männer sollten nach der Gründung der Volksrepublik China noch eine wichtige Rolle spielen. Beide wurden als Verteidigungsminister der Konspiration gegen Mao beschuldigt.

Ab 1940/41 kühlte das Verhältnis zwischen Chiang und den Kommunisten wieder ab, und der Konflikt eskalierte zeitweise in blutigen Zusammenstößen. Mao glaubte zu diesem Zeitpunkt, dass Chiang vor den Japanern kapitulieren würde und die Kommunisten vernichten wolle. In einem Brief an Georgi Dimitroff (1882 – 1949), den bulgarischen Leiter der Komintern, fragte Mao im November 1940, ob die Komintern-Führung einen Gegenschlag gegen die GMD unterstütze. In Absprache mit Stalin wirkte Dimitroff jedoch auf Mao und die chinesische Führung ein, sich nicht provozieren zu lassen und an der Einheitsfront festzuhalten.[61]

Josef Stalin und Georgi Dimitroff, der die Komintern bis 1943 leitete, 1946

Der Ausbruch eines offenen Bürgerkriegs konnte verhindert werden. Wie auch dieses Beispiel zeigt, übten die Sowjetunion und die Komintern immer noch großen Einfluss auf die Politik Maos aus. Die Veröffentlichung neuer Dokumente in Moskau in den letzten Jahren, wie das Tagebuch von Dimitroff, widerlegen die lange verbreitete Legende, dass die chinesischen Kommunisten schon seit Mitte der 1930er Jahre unabhängig von oder sogar gegen Moskau agierten.

Nach dem japanischen Angriff auf Pearl Harbor am 7. Dezember 1941 griffen die USA direkt in den Krieg ein und intensivierten die Unterstützung für die chinesische Regierung. Die US-Regierung sah nun auch die Kommunisten in Yan'an als zeitweise Verbündete an. Chiang Kai-shek muss hoch angerechnet werden, dass er nicht kapitulierte, sondern die chinesische Hauptstadt erst von Nanjing nach Wuhan und schließlich in den Südwesten nach Chongqing verlegte und bis zum Schluss einen konventionellen Krieg gegen Japan organisierte. Allerdings war Chiangs Verteidigungsstrategie sehr opferreich. In den ersten Kriegsmonaten verlor er große Teile seiner besten Truppen. Um den japanischen Vormarsch nach Süden zu blockieren, ließ Chiang die Dämme des Gelben Flusses sprengen. 900 000 Menschen ertranken, und 3500 Dörfer und Städte versanken in den Fluten.[62] 1943 kam es in der Provinz Henan infolge von Naturkatastrophen und radikalen Requirierungen von Getreide für die Armee zu einer Hungersnot mit mehreren Millionen Toten.[63] Chiang verbot der chinesischen Presse einfach, über die Hungersnot zu berichten. Auch wenn die Guomindang standhielt, so gelang es ihr jedoch nicht, einen «totalen Krieg» zu organisieren und Massen aus ganz China für die Front zu mobilisieren. Dazu fehlte der GMD die Kontrolle über die Dörfer und ein attraktives Programm sozialer Reformen.

Die Sinisierung des Marxismus

Um 1938 hatte sich Mao in der Partei als Führer gegen seine Widersacher durchgesetzt. Wang Ming wurde von Stalin und der Führung der Komintern fallengelassen. Die Jahre in Yan'an nutzte Mao, um seine Erfahrungen zu einer geschlossenen Weltanschauung der Mao-Zedong-Ideen zusammenzufassen und in der Partei zu verankern. Maos Aufstieg zum charismatischen Führer der chinesischen Revolution basierte im Wesentlichen auf seinen Schriften und seiner Rolle als Stratege. Ein besonders guter Redner war Mao hingegen nicht. Seinen Hunan-Dialekt konnte er nie ganz ablegen. Noch 1965 wurde sein Dolmetscher für einige Monate zum Erlernen des lokalen Dialekts nach Hunan geschickt, um Maos Chinesisch besser ins Englische übersetzen zu können.[64] Maos Stimme war zeit seines Lebens nur äußerst selten im Radio zu hören. Als Autor und Essayist war Mao

Mao am Schreibtisch in seiner Höhle in Yan'an, 1938

jedoch brillant. Nach der konfuzianischen Tradition in China genoss der Gelehrte, der Kalligraphie sowie Essay- und Dichtkunst beherrschte, über ein größeres Ansehen als ein geschickter Soldat. Maos Schriften waren voller Metaphern und Anspielungen aus der literarischen Tradition Chinas. Durch die Bandbreite seiner Themen, von Politik, Dorfuntersuchungen, Militärtheorie, Philosophie oder Literatur, baute er sich ein Image als weiser Gelehrter auf. Im Westen wurde er besonders in den 1960er Jahren häufig als «Philosophenkönig» missverstanden, wie ihn Platon in seiner Utopie «Der Staat» beschrieben hatte. Viele in Yan'an verfasste Schriften wurden später zum offiziellen Kanon und zur Pflichtlektüre für Kader in der Volksrepublik China. Der Theoretiker und talentierte Autor Chen Boda (1904–1989) half, die Mao-Zedong-Ideen in der Parteipresse zu popularisieren.

Mao sprach in diesem Jahr 1938 offen von einer Sinisierung des Marxismus. Die Mao-Zedong-Ideen seien demnach die Anwendung des Marxismus-Leninismus auf die chinesische Realität. Tatsächlich waren sie eine geschickte Verknüpfung der Volksfrontpolitik der Komintern mit den eigenen Erfahrungen aus zehn Jahren Bürgerkrieg. An neugegründeten Parteischulen und Universitäten wurden die Schriften Maos sowie andere wichtige Werke des Marxismus-Leninismus unterrichtet und somit in der Partei, aber auch bei den Sympathisanten verankert. Die Zahl der Parteimitglieder, von denen viele nie zuvor eine theoretische Schulung erhalten hatten, stieg von 40 000 im Jahr 1937 auf 800 000 bis zum Jahr 1940. Mit eigenen Schriften etablierte sich Mao als Revolutionsstratege, Parteiorganisator, Militärtheoretiker sowie Philosoph. In seiner Schrift *Über den Widerspruch* rechtfertigte Mao die Einheitsfront philosophisch. Widersprüche waren für Mao keine statischen Kategorien. Unter neuen Bedingungen könnten der Haupt- und Nebenwiderspruch der Gesellschaft die Plätze tauschen.[65] In der kapitalistischen Gesellschaft verlaufe der Hauptwiderspruch normalerweise zwischen Arbeit und Kapital. Wegen der Bedrohung der chinesischen Nation durch die japanische Aggression sei dieser Widerspruch nun zum Nebenwiderspruch geworden. In dieser Situation würden alle Klassen zum Volk gehören, die bereit seien, sich am Widerstand zu beteiligen. Wer zum Volk gehörte, definierte Mao immer wieder neu. Nach dem Sieg über Japan würde es wieder zu einer Verschiebung der Widersprüche kommen.

In einer seiner zentralen Schriften, *Die chinesische Revolution und die KPCh*, legte Mao dar: Gegenwärtig befinde sich die chinesische Revolution in einem bürgerlich-demokratischen Stadium, deren Hauptaufgabe die Überwindung des halbfeudalen und halbkolonialen Charakters des Landes sei. Diese Revolution unterscheide sich von der Französischen Revolution dadurch, dass sie ein Teil der Weltrevolution des Proletariats sei. Der Imperialismus müsse aus dem

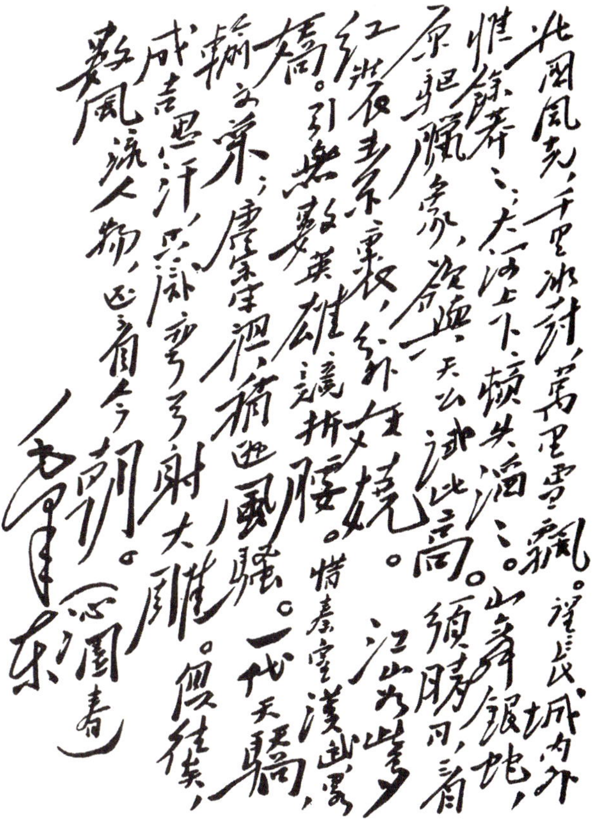

北國風光，千里冰封，萬里雪飄。望長城內外，惟餘莽莽；大河上下，頓失滔滔。山舞銀蛇，原馳蠟象，欲與天公試比高。須晴日，看紅裝素裹，分外妖嬈。江山如此多嬌，引無數英雄競折腰。惜秦皇漢武，略輸文采；唐宗宋祖，稍遜風騷。一代天驕，成吉思汗，只識彎弓射大雕。俱往矣，數風流人物，還看今朝。（沁園春）

毛泽东

«Schnee», das wohl berühmteste Gedicht Mao Zedongs, entstand Mitte der 1930er Jahre in Yan'an. Handschrift, links ausgerückt der Namenszug des Dichters

Land vertrieben werden, da er die ökonomische Entwicklung Chinas blockiere. Für Mao war die konkrete Erscheinungsform der chinesischen Revolution ein Partisanenkrieg der Bauern unter Führung der Kommunistischen Partei.[66] Erst nach Abschluss der neudemokratischen Etappe der Revolution stehe der Sozialismus auf der Tagesordnung. Die

Analyse machte ein breites Bündnis möglich, das nach dem Sieg über Japan in einem Staat der «Neuen Demokratie» weiterbestehen sollte. Dieses Bündnis schloss sogar Teile des Bürgertums ein. Diese Strategie war für orthodoxe Marxisten-Leninisten, die sich eine Revolution als Aufstand des urbanen Proletariats vorstellten, ungeheuerlich.

Auch die Rolle der Intellektuellen in der Revolution versuchte Mao zu definieren. Wenn er ihnen auch politische Freiheiten versprach, so machte er in seinen berühmten *Reden bei der Aussprache über Literatur und Kunst* 1942 deutlich, dass die Intellektuellen und Künstler sich in den Dienst der arbeitenden Massen stellen und von den Arbeitern und Bauern lernen sollten.[67] Auch die Partei solle bei ihrer Arbeit *in die Massen gehen, aus den Massen schöpfen*, um ihre politischen Maßnahmen immer auf die Massenlinie stützen zu können. Einige Mao-Biographen glauben, dass Mao gegenüber den Intellektuellen lebenslang unter einem Minderwertigkeitskomplex litt, weil er selbst nie an einer Universität studiert hatte und Intellektuelle deshalb hassen würde. Tatsächlich fühlte Mao sich den Intellektuellen weit überlegen, da er in Streiks, Bauernaufständen und im Guerillakrieg vielfältige praktische Erfahrungen gesammelt hatte und das Leben der Bauern nicht nur aus Büchern kannte.

In Yan'an ließ Mao auch die Geschichte der Partei zum ersten Mal zusammenhängend verfassen. Die Parteigeschichte wurde von nun an als Kampf der Mao-Zedong-Ideen gegen die falschen Linien der vorherigen Parteiführungen dargestellt. Nur die Mao-Zedong-Ideen als Leitlinie und Mao als Führer würden den Sieg der chinesischen Revolution garantieren. Diese Inter-

Personenkult um Mao

«Der Osten ist rot, die Sonne steigt auf.
In China wird ein Mao Zedong geboren.
Er sucht nach dem Glück des Volkes.
Er ist der große Retter des Volkes.»

Aus dem Lied
«Der Osten ist rot» von 1943

pretation der chinesischen Geschichte wurde zum Grundkonsens der KPCh. Erste Formen des Personenkults um Mao etablierten sich. Im Frühjahr 1944 säte Mao die ersten Körner auf den Feldern aus. Diesen symbolischen Akt hatten die chinesischen Kaiser jahrhundertelang in Beijing vor den Toren des Palasts vollzogen.[68]

Den Höhepunkt des Studiums der neuen, in sich geschlossenen Parteiideologie stellte die Ausrichtungsbewegung 1942/43 dar, in der das Denken der Parteimitglieder in einem nie gekannten Maß «vereinheitlicht» wurde. Es wäre sicher blauäugig, sich die Gesellschaft in Yan'an als basisdemokratischen Graswurzelkommunismus vorzustellen. Eine Kampagne gegen vermeintliche Spione geriet 1943 außer Kontrolle. Über 10 000 Menschen wurden in dem Stützpunktgebiet beschuldigt, Spione zu sein.[69] Viele Parteiaktivisten wurden verhaftet und einige auch durch Folter zu Geständnissen gezwungen. Obwohl die Parteiführung die große Mehrheit der Opfer kurz darauf wieder rehabilitierte, verbreiteten sich Angst und Schrecken.

Erst 1943 übernahm Mao den Vorsitz von Politbüro und Zentralkomitee. Sicher kam ihm auch die Auflösung der Komintern im selben Jahr zugute. Die nationalen kommunistischen Parteien wurden in die Unabhängigkeit entlassen und waren nicht mehr an die Beschlüsse des Exekutivkomitees in Moskau gebunden. Damit war den orthodoxen Marxisten-Leninisten in der KPCh die Basis entzogen, und eine chinesische Form des Kommunismus wurde nun auch von Moskau als legitim betrachtet. Dank der Hilfe der Komintern hatte sich die KPCh aus einem kleinen Intellektuellenzirkel zu einer leninistischen Massenpartei mit eigener Armee entwickelt. Allerdings haben die ständigen Linienschwenks und der Zweifel an Maos Strategie der ländlichen Stützpunkte und des mobilen Partisanenkriegs durch die Komintern die

Entwicklung der chinesischen Revolution später behindert. Der frühere Leiter der Komintern, Georgi Dimitroff, der nach der Auflösung der Komintern für die Abteilung Internationale Information bei der KPdSU zuständig war, hielt weiter mit Mao Briefkontakt. Mao versuchte, Dimitroff von der Notwendigkeit einer Ausrichtungskampagne und der Kritik an Wang Ming zu überzeugen.[70] Die Zeiten der Kontrolle durch Moskau waren aber vorbei. Mao und die chinesischen Kommunisten hatten sich von ihren «Nannies» emanzipiert. Der 7. Parteitag der KPCh beschloss im April 1945, dass die Mao-Zedong-Ideen die Leitlinien der chinesischen Revolution darstellten. Vierundzwanzig Jahre nach der Gründung der Partei war Mao nun im Alter von 51 Jahren auch offiziell als Führer der kommunistischen Bewegung etabliert. Die Partei, die zehn Jahre zuvor von der GMD fast vernichtet worden war, verfügte nun über 1,2 Millionen Parteimitglieder und Streitkräfte mit 900 000 Soldaten.

Auf dem Weg in den Bürgerkrieg

Laut der offiziellen Geschichtsschreibung in China besiegte die KPCh im glorreichen antijapanischen Widerstandskrieg die Besatzer und rettete damit die chinesische Nation. In Wirklichkeit hatte der Widerstand der GMD und KPCh zwar die japanischen Truppen auf dem chinesischen Festland binden, aber nicht besiegen können. Obwohl Europa schon am 8. Mai vom Nationalsozialismus befreit worden war, kapitulierte Japan gegenüber den Alliierten erst am 15. August nach den amerikanischen Atombombenabwürfen auf Hiroshima und Nagasaki. Gemäß der Absprache mit den USA war die sowjetische Armee schon eine Woche zuvor mit einer Million Soldaten in die Mandschurei eingedrungen. Nach der Kapitulation musste Japan seine Soldaten aus China abziehen. Stalin glaubte zu diesem Zeitpunkt nicht, dass die KPCh China allein regieren könne. Die Sowjetunion schloss sogar einen Freundschaftsvertrag mit der GMD-Regierung im August 1945, durch den sich die Sowjetunion die Kontrolle über die mandschurische Eisenbahn und Port Arthur (Dalian) sicherte. Die Sowjetunion und die USA waren nach Kriegsende an einem starken China interessiert und drängten auf eine Koalitionsregierung zwischen GMD und KPCh unter Chiangs Führung. Auch Mao forderte schon seit 1943 die Bildung einer Koalitionsregierung. Geschickt setzte er propagandistisch den Slogan der «Neuen Demokratie» ein, um auch die Mittelschichten zu erreichen. Um mit Chiang in Chongqing zu verhandeln, setzte sich Mao zum ersten Mal in seinem Leben in ein Flugzeug. Bei den Gesprächen zeigten sich die Erzfeinde von ihrer besten Seite. Mao sprach sogar einen Toast auf den Aufbau des neuen Chinas unter Führung des Vorsitzenden Chiang aus. Das gegenseitige Misstrauen saß jedoch tief. Dessen ungeachtet handelten beide Parteien Anfang des Jahres 1946 unter der Vermittlung von George Marshall (1880–1959) im Namen der US-Regierung einen Waffenstillstandsvertrag aus.

Die territorialen Abtretungen der kolonialen Ära machten die westlichen Siegermächte weitgehend rückgängig. Großbritannien hatte schon 1943 auf die Sonderrechte an Shanghai und anderen Häfen verzichtet, durfte aber die Kronkolonie Hongkong behalten. China bekam sogar einen ständigen Sitz im UNO-Sicherheitsrat und wurde als Großmacht hofiert. Schon nach dem Ende des Zweiten Weltkriegs gewann China seine Unabhängigkeit unter der Regierung der GMD zurück und nicht erst, wie es in den chinesischen Schulbüchern steht, mit der Gründung der Volksrepublik China 1949.

Der schöne Schein der Großmachtrolle trog aber. China

war ein vom Krieg verwüstetes und traumatisiertes Land. Die letzten japanischen Offensiven hatten das Verkehrssystem weitgehend zerstört, und Millionen Menschen waren aus ihren Heimatdörfern geflohen. Laut Angaben der UN litten 30 Millionen Chinesen an Unterernährung, zusätzlich brachen 1945/46 lokale Hungersnöte aus.[71] Weder die Kommunisten noch die Guomindang hatten die Absicht, langfristig die Macht zu teilen. Zu unterschiedlich waren ihre Vorstellungen von einem neuen China. Der Bürgerkrieg bahnte sich an. An seinem Ausbruch sollten sich beide Parteien gegenseitig die Schuld geben.

Die Besetzung der Mandschurei durch die Sowjetunion brachte der KPCh einige Vorteile. Die Rote Armee übergab ihren chinesischen Genossen große Bestände an modernem Kriegsgerät der besiegten Japaner. Stalin hatte schon 1929 in einem Brief an Molotow die Idee geäußert, die sowjetische Präsenz in der Mandschurei zur Ausgangsbasis der Bewaffnung der chinesischen Kommunisten zu machen. Damals schlug er vor, die chinesischen Genossen sollten in Harbin eine revolutionäre Gegenregierung etablieren, die Bauern mobilisieren, die Großgrundbesitzer «massakrieren» und Sowjets bilden.[72]

Nach dem Abzug der sowjetischen Truppen 1946 begann zwischen der GMD und der KPCh ein Wettlauf um die Kontrolle der Mandschurei. Die japanischen Besatzer hatten die Region im Nordosten zu einem Zentrum der Schwerindustrie ausgebaut. Der KPCh gelang es zum ersten Mal, urbane Zentren mit einem großen Industrieproletariat zu übernehmen. Den Verlust des Stützpunkts um Yan'an an die GMD im März 1947 konnte Mao daher verschmerzen. Bevor die feindlichen Truppen eintrafen, ließ er Yan'an räumen und begab sich mit Gewehr und Pferd wieder in den Untergrund. In Yan'an gebe es nichts außer leeren Höhlen, soll Mao gesagt haben.[73] Als Yan'an später wieder zurückerobert wurde, schrieb Mao ein Glückwunschtelegramm, aber er besuchte die einstige Hauptstadt seiner roten «Höhlenrepublik» nie wieder. Ein besonders sentimentales Verhältnis scheint Mao zu dem roten Stützpunktgebiet nicht gehabt zu haben.

Die Mandschurei als Waffenschmiede sollte den Kommunisten im chinesischen Bürgerkrieg zum Sieg verhelfen. Mit der schwerindustriellen Basis im Rücken konnte die Volksbefreiungsarmee die bewegliche Guerillataktik durch konventionelle Offensiven mit modernen Waffen wie Panzern und Kampfflugzeugen ersetzen. Der talentierte Kommandeur Lin Biao führte die kommunistischen Truppen im Nordosten, die nun Volksbefreiungsarmee hießen, erfolgreich durch die Massenschlachten. Unter seiner militärischen Führung konnte die Volksbefreiungsarmee immer größere Gebiete in der Mandschurei erobern und nach Zentralchina vordringen. Mao hielt sich zu diesem Zeitpunkt zusammen mit dem Zentralkomitee im Norden der Provinz Shaanxi auf und koordinierte die Offensive der verschiedenen Frontabschnitte. Im Sommer 1947 hielt er einen Sieg innerhalb von fünf Jahren über die Guomindang für möglich.[74]

In den befreiten Gebieten im Norden und Nordosten versuchte die Partei, die Bauern durch eine radikale Bodenreform für den Krieg zu gewinnen. Die Mobilisierung gegen Großgrundbesitzer und Kollaborateure war für die Kommunisten dennoch nicht einfach. Aus Angst vor der Rache der Dorfeliten wollten viele Bauern anfangs an der Kampagne nicht teilnehmen. Könnte die Partei «die armen Bauern und unteren Mittelbauern» erst einmal mobilisieren, dann waren sie nur schwer zu stoppen und wollten die «Großgrundbesitzer» töten, um deren mögliche Wiederkehr mit der GMD-Armee zu verhindern. Mao war sich dieser Problematik voll bewusst. Die Partei schickte 15 000 Kader in die befreiten Dörfer, um die Bodenreform durchzuführen. In der ersten Phase wurden die Klassenverhältnisse untersucht und die Dorfbewohner in Klassen eingeteilt. Dabei spielte nicht die Größe des Besitzes eine Rolle, sondern der Anteil des Einkommens, der durch Ausbeutung anderer erworben wurde. Im Prozess der Untersuchung wurden die armen Bauern mobilisiert. In Kritiksitzungen gegen die Dorfeliten sprachen sie über die Bitternis der Vergangenheit. Volksgerichte legten daraufhin die Strafen fest. Diese Mobilisierung der Massen machte es nicht nur möglich, den Boden neu zu verteilen, sondern auch, die soziale Ordnung im Dorf umzustürzen und die Bauern an die neue Ordnung zu binden. In vielen Dörfern eskalierte 1946/47 die Gewalt, besonders in den befreiten Gebieten in der Provinz Shanxi. Wie viele «Großgrundbesitzer» während der Kampagne getötet wurden, wissen wir heute noch nicht. Am Beispiel einer Statistik eines Kreises, die von der KPCh selbst aufgestellt wurde, wird die Tragweite deutlich. Allein in diesem Kreis in Shanxi wurden 1152 Dorfbewohner erschlagen, 859 begingen Selbstmord, und 63 verhungerten im Verlauf der Kampagne.[75]

Mao, der zu Beginn die Gewaltexzesse billigend in Kauf genommen hatte, griff nun ein. Im Februar 1948 kritisierte Mao in einem Schreiben die «linke Abweichung» während der Bodenreform scharf. Er wandte sich gegen willkürliche Hinrichtungen und belehrte die Parteikader, dass es umso besser wäre, je weniger Menschen getötet würden.[76] Die Kriterien der Klasseneinteilung sollten genauer definiert und die Gewalt eingeschränkt werden. Für den Süden entwarf Mao eine gemäßigte Strategie. Die Interessen der Mittelbauern wurden besser geschützt, und sogar die «reichen Bauern» sollten nicht enteignet werden. Gewaltexzesse wurden weitgehend unterbunden. Dieses Verhalten war typisch für Mao. In vielen folgenden Kampagnen ließ er die Gewalt immer wieder bewusst eskalieren und griff erst ein, wenn die Bewegung außer Kontrolle geriet oder seine Ziele erreicht waren. Für die Opfer der Gewalt seiner Kampagnen war paradoxerweise das Eingreifen Maos häufig die einzige Möglichkeit einer Rettung.

In der Mandschurei konnten die Kommunisten unter Beweis stellen, dass sie in der Lage waren, große Industriestädte wie Harbin, Shenyang oder Changchun zu verwalten. Zwar konnten sie auf eine hohe Besteuerung der Bevölkerung nicht verzichten, im Unterschied zu der prekären Lage in den GMD-Gebieten gelang es ihnen aber, die Inflation und den Anstieg der Lebensmittelpreise unter Kontrolle zu halten.[77] Chiang Kai-shek verlor hingegen in seinem Herrschaftsbereich immer mehr die Macht über die Dörfer und den Zugriff auf Steuereinnahmen. Die Sabotage der kommunistischen Guerilla zerstörte permanent die Verkehrswege, und die in die GMD-Armee zwangsrekrutierten Bauern wussten nicht, wofür und warum sie überhaupt kämpfen sollten. Ein 1930 verabschiedetes Gesetz zur Bodenreform hatte die GMD nie umgesetzt. Die schlechte Versorgung in der Armee führte zu Massendesertationen zu den Kommunisten.[78] Durch die Auflösung von ganzen Einheiten der GMD-Armee konnte die Volksbefreiungsarmee ihre Bewaffnung enorm verbessern. Bei der Konfiszierung des Besitzes der Japaner übergingen korrupte GMD-Parteifunktionäre häufig die ursprünglichen chinesischen Eigentümer und bereicherten sich selbst. Teile der Mittelschichten, Unternehmer, Intellektuelle und Offiziere wandten sich von Chiang ab. Als eine Währungsreform 1948 noch die städtischen Mittelschichten ökonomisch ruinierte, schmolz die Basis der GMD dahin. Mao und die KPCh spitzten die Propaganda geschickt gegen Chiang zu, ohne die national gesinnten

Mao Zedong ruft am 1. Oktober 1949 vom Tor des Himmlischen Friedens die Gründung der Volksrepublik China aus.

Teile des Bürgertums selbst anzugreifen. Korruption und Ineffizienz hatten den Apparat und die Armee der GMD so zerfressen, dass in der Endphase des Bürgerkriegs selbst die US-Regierung keine entscheidenden Hebel in Bewegung setzte, um die Niederlage Chiangs abzuwenden.

Der Siegeszug der Volksbefreiungsarmee setzte sich nach Süden fort. Im Januar 1949 wurde Beijing friedlich befreit, da die Soldaten in der Hauptstadt kapitulierten. Im April überquerten die kommunistischen Truppen den Yangtzi-Fluss. Am 1. Oktober rief Mao auf dem Platz des Himmlischen Frie-

dens in Beijing die Volksrepublik China aus. Chiang floh mit zwei Millionen Soldaten auf die Insel Taiwan und machte Taibei zum Regierungssitz der Republik China. Der Bürgerkrieg oder Befreiungskrieg, wie er offiziell in der Volksrepublik China genannt wird, war damit entschieden. Im Alter von 56 Jahren stand Mao an der Spitze des bevölkerungsreichsten Staates der Erde. Der Sieg der chinesischen Revolution stellte den größten Triumph der kommunistischen Weltbewegung seit der russischen Oktoberrevolution von 1917 dar. Der Name Mao Zedong ging um die ganze Welt.

Auf der Suche nach einem chinesischen Weg zum Sozialismus (1949–1965)

Mao erzählte 1945 seinen Parteigenossen das Märchen von einem sturen alten Mann, «Yu Gong versetzt Berge», das noch heute jeder ältere Chinese kennt: Der närrische Alte Yu Gong setzt sich in den Kopf, zwei hohe Berge vor seiner Haustür abzutragen. Ein «weiser» Alter lacht ihn spöttisch wegen dieses Vorhabens aus, doch Yu Gong bleibt stur und macht sich an die Arbeit. Wenn er es nicht schaffe, würden seine Kinder und Kindeskinder die Berge abtragen. Das rührte Gott, und er schickte zwei seiner Boten auf die Erde, die beide Berge auf dem Rücken davontrugen, erzählte Mao. Er legte das Märchen so aus, dass die beiden Berge den Feudalismus und den Imperialismus und der närrische Alte die Kommunistische Partei darstellten. *Unser Gott ist niemand anders als die Volksmassen Chinas. Wenn sich das ganze Volk erhebt, mit uns gemeinsam diese Berge abzutragen, sollten wir sie da etwa nicht abtragen können.*[79] Diese Parabel drückte seinen Glauben an die Schöpferkraft der Volksmassen aus, aber auch die Schwierigkeit der Aufgaben, die bevorstanden. Wie sollten diese Berge in dem von Krieg und Bürgerkrieg zerstörten Land abgetragen werden?

Die «Neue Demokratie» (1949–1954)

Die Volksrepublik China wurde nicht als sozialistischer Staat gegründet, sondern als «Neue Demokratie». Das neue China sollte auf einem Bündnis zwischen Arbeiterklasse, Bauern, Kleinbürgertum und der nationalen Bourgeoisie beruhen, wie Mao in seiner Schrift *Über die demokratische Diktatur des Volkes* dargelegt hatte.[80] Laut seiner Definition gehörten in dieser Phase die nationale Bourgeoisie und Unternehmer, die nicht mit Imperialisten und Besatzern kollaboriert hatten, zum Volk dazu. In der ersten politischen Agenda des neuen Staates wurde die Entwicklung eines privaten Kapitalismus als Ergänzung zu Staatsbetrieben ausdrücklich begrüßt.[81] Gegenüber den Bauern wurde zunächst nicht von Kollektivierung gesprochen, und ein Gesetz zur Bodenreform dehnte 1950 die neue Agrarordnung auf das ganze Land aus. Über 43 Prozent des kultivierten Bodens wurden an 60 Prozent der Landbevölkerung umverteilt.[82] Jeder Bauer bekam nun einen Klassenstatus zugewiesen. Die auf den Kopf gestellte Hierarchie des Dorfes bestand aus den armen Bauern und unteren Mittelbauern an

Frauen in traditionellen «Männerberufen» wie dem des Piloten repräsentieren die neue Gesellschaft.

der Spitze, gefolgt von den Mittelbauern, den reichen Bauern sowie Großgrundbesitzern am untersten Ende.

Zu den Gewinnern der chinesischen Revolution gehörten auch die Frauen. Fortschrittliche Ehegesetze hatte es auch schon unter der Guomindang gegeben. Partei und Frauenverbände sorgten nun jedoch dafür, dass die Frauen auf den Dörfern vom Scheidungsrecht des neuen Ehegesetzes wirklich Gebrauch machen konnten. Die Partei ermutigte die jungen Leute, sich ihre Ehepartner selbst auszusuchen. Auch gegenüber den ethnischen Minderheiten betrieb die Partei eine tolerante Politik und wollte deren Sitten und Gebräuche fördern. Mit der sogenannten «friedlichen Befreiung» von Tibet wurde die Region im Lauf des Jahres 1951 wieder in das chinesische Reich integriert. Sowohl die Kommunisten als auch alle chinesischen Nationalisten betrachteten Tibet als Teil Chinas. Gegen den Widerstand linker Kader in Tibet setzte Mao durch, dass der Dalai Lama und die tibetische Theokratie für die nächsten acht Jahre in Amt und Würden blieben.[83] Der neue Staat sollte auf einem möglichst breiten Bündnis beruhen. Nach Jahrzehnten des Krieges war in der chinesischen Bevölkerung das Bedürfnis nach Ordnung und Harmonie groß.

Obwohl es zur US-Regierung seit den vierziger Jahren in Yan'an Kontakte gab, entschied sich die chinesische Regierung, ein Bündnis mit der Sowjetunion zu schließen. Im Dezember 1949 unternahm Mao die erste Auslandsreise seines Lebens nach Moskau, um über einen neuen Vertrag mit der Sowjetunion zu verhandeln. Das erste Treffen mit Stalin hinterließ bei Mao gemischte Gefühle. Auf das zweite Treffen mit Stalin musste er zwei Wochen in einer Datscha in einem Vorort von Moskau warten und konnte nach eigenen Aussagen nichts anderes tun als *essen, schlafen, scheißen und gratulieren*[84]. In den Verhandlungen gestand Stalin dem

Bündnis mit der tibetischen Elite: Mao trifft den jungen Dalai Lama (rechts) und den Panchen Lama in Beijing, 1956

chinesischen Partner einen günstigen Kredit im Wert von 300 Millionen US-Dollar zu, und es wurde ein Verteidigungsbündnis geschlossen. Außerdem wurden 50 Industrieprojekte geplant und 3000 sowjetische Experten nach China gesandt. Die Sowjetunion behielt aber die Kontrolle über Port Arthur, die mandschurische Eisenbahn und Erdölquellen in der Provinz Xinjiang. Mao musste außerdem die Unabhängigkeit der äußeren Mongolei anerkennen. Die chinesische Führung hatte sich mehr erwartet. Später zog Mao die Bilanz, er habe in Moskau *das Fleisch doch noch aus dem Rachen des Tigers geholt*.[85]

Im Oktober 1950 griff China in den Koreakrieg ein und schickte eine Million «Freiwillige», um Nordkorea im Kampf gegen den Süden und die USA zu unterstützen. Die chinesische Führung fürchtete eine Ausweitung des Krieges auf ihr eigenes Territorium. Mao nutzte den Krieg geschickt auch innenpolitisch, um die Bevölkerung patriotisch zu mobilisieren. Der Koreakrieg endete 1953 mit einem militärischen Patt zwischen Nord und Süd. Das Verhältnis Chinas zu den USA wurde durch den Krieg nachhaltig gestört. Nach dem Ausbruch des Krieges baute die amerikanische Regierung Taiwan zum «unsinkbaren Flugzeugträger» aus. Auf Taiwan rüstete sich Chiang Kai-shek für die Rückeroberung des Festlandes. Die Volksrepublik hatte im Koreakrieg jedoch bewiesen, dass sie den USA in einem konventionellen Krieg standhalten konnte. Deshalb fühlte sich Mao als Sieger. Sein ältester Sohn aus der Ehe mit seiner zweiten Frau Yang Kaihui, Mao Anying, kämpfte in Korea als Freiwilliger und kam 1950 bei einem Angriff der US-Armee mit Napalmbomben ums Leben. Als Mao diese Nachricht überbracht wurde, soll er gleichgültig gesagt haben: *Im Krieg sterben eben Menschen*.[86] Für die Mao-Biographin Jung Chang zeigt diese Anekdote, dass Mao im Gegensatz zu Chiang Kai-shek ein gefühlloses Monster war, dem selbst das Schicksal seiner Familienmitglieder gleichgültig war. Ein offizielles chinesisches Buch zum Familienleben Maos berichtet hingegen, dass er um seinen Sohn trauerte. Später soll er den Befehlshaber der Streitkräfte in Korea, Peng Dehuai, beruhigt haben mit den Worten, dass im Krieg eben Menschen starben.

Wenn der Sohn von mir, Mao Zedong, nicht in den Krieg zieht, wer soll dann teilnehmen?, soll er gesagt haben.[87] Mao war wohl der einzige hohe Parteifunktionär, der nach der Machtübernahme einen Sohn in einem kriegerischen Konflikt verlor.

Richtig ist sicher, dass Mao kein ausgesprochener Familienmensch war und mit seinen Kindern sowie auch seiner Frau Jiang Qing wenig Zeit gemeinsam verbrachte. Die Tatsache, dass Mao im Unterschied zu vielen seiner Vorgänger und Nachfolger seine Kinder und Verwandten nicht mit wichtigen Posten in der Bürokratie versorgte, wird ihm allerdings von vielen Chinesen heute noch hoch angerechnet.

In den ersten Jahren nach der Gründung der Volksrepublik änderte sich Maos Privatleben. Als die Führung sich vor Luftangriffen sicher glaubte, zog sie nach Zhongnanhai um.

Mao mit seinen Töchtern, der elfjährigen Li Na (links, aus seiner vierten Ehe mit Jiang Qing) und der fünfzehnjährigen Li Min (aus seiner dritten Ehe mit He Zizhen), auf einem Ausflug, August 1951

Zhongnanhai ist ein malerischer Wohnkomplex neben dem ehemaligen Kaiserpalast, der Verbotenen Stadt in Beijing. Umgeben von Bodyguards, Köchen, Masseuren und Krankenschwestern, genehmigte Mao sich einen für damalige Verhältnisse luxuriösen Lebensstil. Die offiziellen Gehälter der hohen Funktionäre waren zu jener Zeit sehr gering. Die hohen Auflagen von Maos Schriften im In- und Ausland brachten jedoch schon in den 1950er Jahren über 1 Million Chinesische Yuan ein, wie selbst eine offizielle chinesische Quelle einräumt. Mao habe davon jährlich weniger als 10 000 Yuan gebraucht.[88] Die Jahreseinkommen von einfachen Arbeitern lagen hingegen damals bei 150 bis 300 Yuan.

Die Erinnerungen seines Arztes Li Zhisui zeigen einen Mao, der häufig Tage im Bett verbrachte und Bücher von klassischen Gelehrten über die Geschichte der Dynastien studierte. Der Arzt porträtiert aber auch einen Mao, der oft in einem Sonderzug durch das Land tourte und Monate in seinen Gasthäusern und Villen in anderen Städten wie Shanghai, Wuhan oder Nanjing verbrachte. Mit zunehmendem Alter soll sich Mao laut Li mit jungen Frauen umgeben haben. Krankenschwestern oder Tänzerinnen der Kultureinheiten der Armee, die ihn vergötterten, soll er bei wöchentlichen Tanzpartys zu Sexorgien mit auf sein Zimmer genommen haben.[89] Laut einer daoistischen Sichtweise verlängert Sex mit jungen Frauen das Leben. In einem Protestbrief haben 150 ehemalige Angestellte Maos aus China, darunter auch sein persönlicher Bodyguard Wang Dongxing, die Darstellungen von Li öffentlich kritisiert.[90]

Die erste Hälfte der fünfziger Jahre wurde auch in der westlichen Forschung lange als die «goldene Ära» der Volksrepublik beschrieben, in der die Partei die breite Unterstützung der Bevölkerung genoss. Allerdings sollte nicht vergessen werden, dass auch in dieser Zeit repressive Kampagnen durchgeführt wurden. Die «demokratische Diktatur des Volkes» richtete sich gegen Feinde und Anhänger der alten Ordnung. In der Kampagne zur «Ausrottung der Banditen» vernichtete die Volksbefreiungsarmee 2,4 Millionen Banditen. Im Südwesten Chinas sollte es noch bis 1954 dauern, ehe die letzten Banditenbanden und Guerillaeinheiten der GMD von der Volksbefreiungsarmee besiegt wurden. Im Verlauf der Kampagne zur «Unterdrückung der Konterrevolution» wurden nach offiziellen Angaben 1,27 Millionen Menschen verhaftet, 710 000 exekutiert und 230 000 unter «Aufsicht der Massen gestellt», sprich: unter permanente Überwachung.[91] Mao selbst sprach häufig vom *Töten* von Gegnern und nicht von der Todesstrafe als juristischen Institution. Er rechtfertigte die Hinrichtungen mit dem Argument, das zornige Volk, das seine Feinde hasse, müsse besänftigt werden. Auch nach der Machtübernahme dachte er weiter in den Kategorien des Ausnahmezustands der Revolution. Die neue Rechtsordnung hatte zu Beginn einen sehr provisorischen Charakter. Die Verfassung wurde erst 1954 verabschiedet, bis dahin war China in sechs Militärregionen aufgeteilt, und die Macht lag weitgehend in den Händen von Partei und Armee.

Mao forciert die sozialistische Umwälzung (1955–1957)

Unklar war für Mao und seine Genossen, wie lange die Phase der «Neuen Demokratie» andauern sollte. Mao begann sich große Sorgen zu machen, dass auf dem Land wieder eine neue Klassenspaltung entstehen könnte. Viele Bauern wollten die Früchte der Bodenreform genießen und ihren privaten Wohlstand steigern. Für sie war die Revolution mit der Neuverteilung des Bodens beendet. Im Parteiapparat breiteten sich Privilegien, Selbstzufriedenheit und Korruption aus. Mao ließ sich von lokalen Modellen der Kollektivierung der Landwirtschaft begeistern, die linke Kader in der Provinz Shanxi forciert hatten. Um wieder neuen Schwung in den revolutionären Prozess zu bringen, setzte Mao gegen Liu Shaoqi den Abbruch der neudemokratischen Phase durch. Nur die Berge des Imperialismus und Feudalismus abzutragen war Mao nicht genug. Nun wurde der Sozialismus auf die Tagesordnung gesetzt. Die Bauern wurden erst in «Gruppen zur gegenseitigen Hilfe» zusammengeschlossen, dann in «halbsozialistischen» und schließlich in sozialistischen Genossenschaften. Mit dem ersten Fünfjahresplan und der Einführung des staatlichen Zwangsaufkaufs von Getreide entwickelte sich China nach 1953 in Richtung Sozialismus. In dem Zusammenschluss der Bauern in Genossenschaften sah Mao die Voraussetzung für die Industrialisierung des Landes, weil der Staat direkten Zugriff auf die bäuerliche Mehrproduktion bekam. Enorme Ressourcen konnten so von der Landwirtschaft in die Industrie transferiert werden. Mangels eines eigenen Modells orientierte sich China am sowjetischen Primat der Schwerindustrie und an zentralistischer Planung. Über die niedrigen Getreidepreise konnten auch die Löhne der Arbeiter auf einem geringen Niveau gehalten werden. Im Gegensatz zu den Bauern wurden die Arbeiter aber von der Regierung durch sichere Jobs, Achtstundentag und Sozialleistungen privilegiert.

Die Partei, die mit Hilfe der Bauern an die Macht gekommen war, verlegte ihren Schwerpunkt in die Städte. Das Dilemma war jedoch, dass die Stadtbevölkerung in der chinesischen Revolution seit 1927 keine wichtige Rolle mehr gespielt hatte und die radikalen Aktivisten der KPCh eher auf dem Land zu finden waren. Als der unabhängige Intellektuelle Liang Shuming sagte, dass die Arbeiter im neunten

Himmel und die Bauern in der neunten Hölle leben würden, griff Mao ihn in der aggressivsten und beleidigendsten öffentlichen Rede seines Lebens als «Reaktionär» an.[92] Besonders erbost reagierte Mao mehrfach in seinem Leben, wenn er den Eindruck hatte, jemand mache sich zum Fürsprecher der Bauern. Diese Rolle beanspruchte Mao für sich allein und duldete keine Nebenbuhler. Vielleicht war Mao auch deshalb so gereizt, weil er wusste, dass Liang nicht ganz unrecht hatte. In den nächsten Jahren wandte sich Mao wieder stärker den Dörfern zu – ohne allerdings die Kritik gegen Liang zurückzunehmen.

Ab 1955 wuchsen Maos Zweifel an dem institutionalisierten und bürokratischen Modell des sowjetischen Sozialismus. Mit großer Begeisterung gab Mao die drei Bände *Über den sozialistischen Aufschwung auf dem Land* heraus, in denen Untersuchungen über die Genossenschaftsbewegung gesammelt wurden. Durch den revolutionären Eifer der Bauern würde Chinas Antlitz verändert, und große Erfolge in der Produktion würden erzielt, propagierte das Werk. Anstatt zu warten, bis genug Traktoren und Maschinen für landwirtschaftliche Großbetriebe vorhanden wären, könnten durch Massenbewegungen die Produktionsverhältnisse umgewälzt werden, glaubte Mao. China könne schneller als die Sowjetunion beim Aufbau des Sozialismus vorgehen, weil die KPCh über zwanzig Jahre Erfahrung in den Stützpunktgebieten verfüge und Hilfe aus den sozialistischen Ländern erhalte. Außerdem ließen sich Millionen Bauern mobilisieren, weil sie einen schnellen Weg aus der Armut suchen würden. *Trotz aller Mühen und Anstrengungen gibt es ohne genossenschaftlichen Zusammenschluss keinen Ausweg für die Bauern. Die chinesischen Bauern sind noch besser als die Arbeiter Englands und Amerikas, deshalb kann man noch mehr, noch besser, noch schneller in den Sozialismus eintreten und braucht nicht ständig die Sowjetunion zum Maßstab nehmen.*[93] Wie ein kleines Kind konnte sich Mao für etwas begeistern, wenn er einen neuen Aufschwung der Revolution verspürte. Dann übernahm er häufig die täglichen Regierungsgeschäfte. Wurden seine Erwartungen allerdings enttäuscht, zog er sich zeitweise wieder in die zweite Reihe zurück.

Zunächst zeigte die Politik auf dem Land Erfolge. Im Gegensatz zur sowjetischen Kollektivierung verlief die chinesische relativ friedlich. Der Partei kam ihre starke Verankerung in den Dörfern sowie das schrittweise Vorgehen zugute. Die lokalen Eliten waren schon mit der Bodenreform zerschlagen worden. Sie konnten daher keinen Widerstand mehr leisten. Die Partei billigte den Bauern auch das Austrittsrecht aus den Genossenschaften zu, von dem Tausende Dorfbewohner zwischen 1953 und 1957 auch Gebrauch machten. Gegen alle Zweifler innerhalb der Partei gelang es Mao, ein weiteres «Wunder» zu vollbringen. Bis 1956 wurde die Bauernschaft in Genossenschaften zusammengeschlossen und große Teile von Industrie und Handwerk verstaatlicht.

Bei der Forcierung der sozialistischen Umwälzung schien Mao im Gegensatz zu den Zweiflern wieder einmal Weitblick bewiesen zu haben. Ein weltpolitisches Ereignis sollte jedoch auch die KPCh in Unruhe versetzen. Im Februar 1956 attackierte der neue Generalsekretär der KPdSU, Nikita Chruschtschow, auf dem 20. Parteitag in einer Geheimrede den Personenkult Stalins und leitete die sogenannte Entstalinisierung ein. Zwar war Mao selbst immer wieder mit Stalin in Konflikt geraten, doch fürchtete er wegen der Kritik am Personenkult und der Betonung der kollektiven Führung um seine eigene Stellung als charismatischer Führer der KPCh. Der 8. Parteitag der KPCh beschloss daraufhin, die Mao-Zedong-Ideen aus dem Parteistatut zu streichen.

Deng Xiaoping wurde zum neuen Generalsekretär der Partei gewählt. Zu diesem Zeitpunkt fiel der kleinwüchsige Mann aus der Provinz Sichuan noch nicht als Reformer auf, sondern galt als fleißiger Administrator des Parteiapparats. Statt die Fortsetzung des Klassenkampfs zu betonen, legte Liu Shaoqi in seinem Rechenschaftsbericht den Schwerpunkt auf die wirtschaftliche Entwicklung. Liu war im Gegensatz zu Mao eher ein klassischer Leninist, der an Ordnung und Parteidisziplin glaubte. Experimenten mit Massenbewegung und mehr Diskussionsfreiheit stand er eher ablehnend gegenüber. Zunächst ließ Mao die Parteiführung jedoch gewähren. Seine Sorge, dass Chruschtschows neuer Kurs zu Unruhe im sozialistischen Lager führen könnte, sollte sich durch den Aufstand in Ungarn im Oktober 1956 bestätigen. Auch in China kam es zu Streiks von Arbeitern. Studenten demonstrierten und boykottierten den Unterricht.

Mao reagierte auf die Unruhen in der Gesellschaft, indem er eine Kampagne gegen den Bürokratismus in der Kommunistischen Partei startete. Unter dem Motto *Lasst hundert Blumen blühen* rief er Intellektuelle und Parteilose dazu auf, die Missstände in Partei und Staat offen zu kritisieren. Theoretisch fundierte Mao seine Kampagne, der leitende Kader wie Liu Shaoqi und die sowjetische Führung ablehnend gegenüberstanden, mit dem Artikel *Über die richtige Behandlung der Widersprüche im Volk*: Widersprüche im Volk müssten im Gegensatz zu Widersprüchen zwischen den Kommunisten und dem Feind durch Überzeugung gelöst werden. Die Kommunistische Partei würde keine Kritik fürchten.[94]

Von Anfang Mai 1957 bis Juni erschienen kritische Artikel in den Zeitungen zu beinahe allen Aspekten von Politik, Recht, Kultur und Kunst. Bis zum heutigen Tag wurden in den Medien Chinas keine Debatten mehr in dieser

Offenheit geführt. Mao musste allerdings feststellen, dass er sich gewaltig verschätzt hatte. Anstatt die Missstände innerhalb des Systems zu benennen, stellten viele Intellektuelle die Führung der Kommunistischen Partei als solche in Frage.

Im Sommer folgte die «Anti-Rechts-Kampagne», um die Kritiker zum Schweigen zu bringen. Mao leitete in der Presse den Angriff auf die Kritiker ein. Wie schon während der Bodenreform, so entwickelte sich auch während der «Anti-Rechts-Kampagne» eine Eigendynamik. Zu Beginn hatte Mao nur von 4000 Rechtsabweichlern gesprochen. Denunziationen und Quotenvorgaben in den Arbeitseinheiten führten zur Radikalisierung. Im weiteren Verlauf der Kampagne wurden schließlich über 550 000 Menschen, überwiegend Intellektuelle, als Rechtsabweichler gebrandmarkt und auf die Dörfer geschickt.[95] Das Verhältnis zwischen der Partei und den Intellektuellen wurde dadurch grundlegend zerstört. Mao war enttäuscht, dass die Intellektuellen acht Jahre nach dem Sieg immer noch «liberalen» Ideen anhingen. Für ihn lebten sie auf Kosten der Werktätigen und beteiligten sich selbst nicht an körperlicher Arbeit. Nun sollten sie auf dem Land «umerzogen» werden. Einige Autoren sind der Auffassung, dass die «Hundert-Blumen-Bewegung» nur ein Trick von Mao war, um die Schlangen aus der Grube zu locken. Dagegen spricht, dass Mao das Problem des Bürokratismus innerhalb der Partei seit Mitte der 1950er Jahre sehr ernst nahm und dass er durch die Kampagne seine eigene Stellung gefährdete.

Das Scheitern der «Hundert-Blumen-Bewegung» führte Mao die Notwendigkeit eines neuen Entwicklungswegs vor Augen. Die Intellektuellen gegen den Bürokratismus des Parteiapparats zu mobilisieren hatte das politische System in eine Krise geführt. Hinzu kamen noch soziale Unruhen in anderen Bereichen der chinesischen Gesellschaft. Im Jahr 1957 brach die größte Streikwelle in der Geschichte der Volksrepublik China aus. Außerdem verließen Hunderttausende Bauern die gerade neugegründeten Kollektive, indem sie von ihrem Austrittsrecht Gebrauch machten.[96] Eine moderate Landwirtschaftspolitik hatte 1957 dazu geführt, dass die Bauern die Quoten nicht erfüllten und einen größeren Teil der Ernte für sich behielten, da sie mit den niedrigen Ankaufspreisen des Staates nicht zufrieden waren. Die Agrarproduktion stagnierte zum ersten Mal seit 1949. Mao sprach von den Zweifeln führender Parteikader an der kollektiven Landwirtschaft. Die Medien berichteten von einem großen Unmut der Landbevölkerung über die Bevorzugung der Städte. Nur die Mitglieder der städtischen Arbeitseinheiten hatten Zugang zu sozialstaatlichen Leistungen und Lebensmittelrationen. Die Dörfer waren weitgehend auf sich selbst gestellt. Es entstand ein großer Druck, die Ungleichheit zwischen Stadt und Land abzubauen. Darüber hinaus fürchtete Mao, dass sich «Rechtsabweichler» mit den aufmüpfigen Bauern gegen die Kommunistische Partei verbünden könnten.[97]

Viele Autoren haben sich darüber den Kopf zerbrochen, warum Mao die angeblich erfolgreiche Politik von 1956/57 durch den irrationalen «Großen Sprung nach vorn» ersetzte. Ich betrachte hingegen den «Großen Sprung» als Flucht nach vorn aus einer politischen und sozialen Krise der chinesischen Gesellschaft. Die Entwicklungen in der Sowjetunion nach dem 20. Parteitag der KPdSU spielten bei dieser Wende nur eine untergeordnete Rolle. Vom Parteiapparat und den Intellektuellen enttäuscht, wandte sich Mao nun wieder den bäuerlichen Massen zu. Anstelle zentralisierter und institutionalisierter Politik sprach Mao von einer Rückkehr zum «Partisanenstil» und ließ die Wirtschaftsplanung dezentralisieren. Experimente waren erwünscht, und die Presse stellte die schöpferische Kreativität der Massen dem Buchwissen der konservativen Experten positiv gegenüber. In einzelnen Fabriken wurde mit der Beteiligung von Arbeitern an der Verwaltung experimentiert. Schon 1957, auf seiner zweiten Reise nach Moskau zum 40. Jahrestag der Oktoberrevolution, hatte Mao angekündigt, China wolle Großbritannien innerhalb von fünfzehn Jahren in der Stahlproduktion einholen. Die Sowjetunion hatte gerade den Sputnik-Satelliten ins All geschossen. Mit dem Ausspruch *Ostwind besiegt Westwind* unterstrich Mao seinen Glauben an eine weltweite Offensive des Sozialismus.[98] China sollte binnen weniger Jahre in einer beispiellosen Produktionsschlacht in die Moderne katapultiert werden. Der Aufbau von kleinen und lokal betriebenen Schmelzöfen zur Stahlproduktion wurde zum Kernelement der Strategie einer ländlichen Industrialisierung. Im ersten Halbjahr 1958 wurden Millionen Bauern mobilisiert, um Dämme und Bewässerungsanlagen zu bauen. In der «großen Arbeitsarmee» sollte der revolutionäre Enthusiasmus aus der Zeit des Bürgerkriegs wieder entfacht werden.

Mao formulierte in dieser Zeit auch die Theorie der *permanenten Revolution*, die eine Ritualisierung

Mao Zedong über die permanente Revolution

«Man muß die Theorie der permanenten Revolution beachten. Nach der Befreiung haben wir die Bodenreform durchgeführt, nach der Bodenreform haben wir die Gruppen für gegenseitige Hilfe und die Genossenschaften eingerichtet, 1956 waren es die Einführung der gemischten staatlich-privaten Betriebe und der genossenschaftliche Zusammenschluß des Handwerks; im drauffolgenden Jahr 1957 wurde die Ausrichtungsbewegung durchgeführt, und im Anschluß daran werden wir die technische Revolution durchführen. Eins folgt dem anderen, man muß das Eisen schmieden, solange es heiß ist, dazwischen darf es zu keiner Abkühlungsphase kommen. Dabei müssen wir uns mit allen Menschen, mit denen ein Zusammenschluß möglich ist, zusammenschließen.»

Aus: Helmut Martin (Hg.): Mao Zedong – Texte. Band 3. München 1982, S. 24

und Bürokratisierung der Bewegung verhindern sollte. Mao glaubte, dass es möglich sei, die Gesellschaft permanent in Atem zu halten und die Massen für die Sache des Sozialismus zu begeistern. Die Erfahrungen des Bürgerkriegs hatten seinen Glauben gestärkt, dass die Massen eine ungeheure Kraft darstellten, die letztlich über Sieg und Niederlage entscheiden würden.

Von der kommunistischen Offensive in die Hungersnot (1958 – 1961)

Auf der Konferenz des Zentralkomitees im Badeort Beidaihe kam es im August 1958 zu einer weiteren Radikalisierung des «Großen Sprungs». In diese malerische Küstenlandschaft zogen sich Mao und die Parteiführung im Sommer häufig zurück, um der drückenden Hitze in Beijing zu entkommen. Mao genoss als begeisterter Schwimmer die Tage am Meer. Die Konferenz beschloss, die chinesischen Bauern in Volkskommunen zu organisieren, in denen Industrie, Landwirtschaft, Handel, Militär und Bildung vereint werden sollten. Ein ähnliches Modell hatte Mao schon in jungen Jahren als Anhänger der «Neuen Dorfbewegung» propagiert. Die Volkskommunen wurden als Basiseinheit der zukünftigen kommunistischen Gesellschaft und als erster Schritt zur Aufhebung der Unterschiede zwischen Stadt und Land, Arbeitern und Bauern sowie geistiger und körperlicher Arbeit gesehen. Obwohl die Volksbefreiungsarmee gerade erst in eine professionelle Armee nach sowjetischem Vorbild mit strikten Rängen und Abzeichen umgewandelt worden war, ließ Mao die Bauern in Volksmilizen bewaffnen. Die Kampagne «Jeder ein Soldat» betonte den Massencharakter der Armee und die Militarisierung der Gesellschaft. Auch im Bildungssystem sollten Hand- und Kopfarbeit verbunden werden, indem alle Universitäten Fabriken und alle Volkskommunen Schulen gründeten.

Außenpolitisch wurde die innenpolitische Offensive von einer Krise in der Taiwan-Straße begleitet. Am 23. August begann die Volksbefreiungsarmee mit der Bombardierung der Inseln Jinmen und Mazu, die noch von der GMD besetzt waren und in der Nähe der Provinz Fujian lagen. Als US-Präsident Dwight D. Eisenhower der Volksrepublik mit dem Einsatz atomarer Waffen drohte, stellte sich die Sowjetunion zwar offiziell hinter China. Chruschtschow war jedoch äußerst erbost, dass Beijing den Angriff nicht mit ihm abgesprochen hatte und der bewaffnete Konflikt seine Entspannungspolitik mit den USA durchkreuzte. Wie schon im Koreakrieg nutzte Mao die angespannte Lage, um in China Massenbewegungen voranzutreiben. Bezüglich der Taiwan-Krise sagte er: *[Lenin] sprach über den Krieg und sagte, der Krieg bringe die Menschen geistig in einen Erregungszustand, er lasse sie in Spannungen geraten. Natürlich gibt es jetzt keinen Krieg, aber die gespannte Lage unter den Bedingungen bewaffneter Konfrontationen kann auch einige positive Faktoren in Bewegung setzen und die rückständigen Schichten zum Nachdenken veranlassen.*[99] Die Krise in Taiwan nutzten die Medien, um die Notwendigkeit der Stahlkampagne und den Aufbau der Volksmiliz zu propagieren. Anfang Oktober beendete zunächst ein Waffenstillstand zwischen der Volksrepublik und der GMD den Konflikt.

In der Innenpolitik war Mao aktiv wie nie zuvor. Er, der sonst als Stratege im Hintergrund häufig die Tagespolitik an andere delegierte, unternahm im Herbst 1958 ausgedehnte Reisen durch China und bearbeitete selbst Parteidokumente und Zeitungsartikel. Als Mao die Modell-Volkskommune Xushui in Hebei besuchte, ließ er sich von den lokalen Kadern Potemkin'sche Dörfer vorführen, ohne es zu merken.

Um die Erfolge in der Getreideproduktion zu zeigen, ließen die Kader Berge von Getreide aus den Speichern holen und am Straßenrand auftürmen. Mao war beeindruckt: *Was sollen wir nur mit so viel Getreide machen?* Sein Arzt Li Zhisui berichtete, Mao sei selten so enthusiastisch und glücklich gewesen wie 1958.[100] Vor lauter Enthusiasmus verlor Mao vorübergehend seinen kritischen Sinn für die Realität. Auch andere führende Kader wie Liu Shaoqi oder Deng Xiaoping teilten Maos Begeisterung. Ein Projekt, das Mao besonders am Herzen lag, war die Volksküche, die auf dem Land die häusliche Küche der Bauern ersetzen sollte. Durch die Einführung der Volksküchen übernahmen die Kommunen die Versorgung der Bauern. Die Familie verlor damit ihre Funktion als Konsumgemeinschaft. Die Frauen auf dem Dorf sollten durch Volksküchen, Kindergärten und Altersheime von der Hausarbeit befreit werden und in die Produktion gehen. Ohne wie daheim zum Sparen gezwungen zu sein, sollten

Volksküche in Xushui in der Provinz Hebei als Ausdruck eines neuen kollektiven Lebens, 1950er Jahre

sich die Bauern in den Volksküchen ungezwungen und kostenlos satt essen können. Mao glaubte, dass der revolutionäre Eifer mobilisierender wirke als materielle Anreize nach dem System «Jeden nach seiner Leistung». Einzelne Modellkommunen schafften alle Formen des privaten Eigentums ab und machten Pläne, innerhalb von drei Jahren den Kommunismus zu verwirklichen.

Allerdings stellten sich viele dieser Projekte als reines Wunschdenken heraus. Im Wettkampf um Produktionsrekorde übertrafen sich die Volkskommunen gegenseitig mit Falschmeldungen. Auf Kader wurde enormer Druck ausgeübt, Rekorde zu melden. Zweifler mussten mit Repressionen rechnen. Erst im Winter 1958 merkte Mao, dass viele Rekorde nur auf dem Papier erzielt worden waren. Im Frühjahr 1959 brachen erste lokale Hungersnöte aus. Beim sogenannten «Zwischenfall von Yudong» verhungerten im Osten der Provinz Henan 10 000 Bauern.[101] Im Sommer zeichnete sich eine nationale Krise ab. Der «Große Sprung» hatte die Dörfer überfordert: Durch die Stahlkampagne wurden zu viele Arbeitskräfte aus der Landwirtschaft abgezogen. Kommunen mit zum Teil über 20 000 Bauern führten ein Verwaltungschaos herbei, und der «Wind des Kommunismus» hatte zu Verschwendung und einem unkontrollierten Transfer von Eigentum zwischen den Brigaden geführt. Verheerend wirkten sich aber vor allem die Meldungen von übertriebenen Produktionsergebnissen für die Bauern aus, weil auf ihrer Grundlage die Abgabequote an den Staat festgelegt wurde. Obwohl der «Große Sprung» zu Beginn den Sozialstaat auf das Dorf bringen wollte, wurden in den Jahren 1959 und 1960 so viel Getreide und Arbeitskräfte aus den Dörfern abgezogen wie nie zuvor. Die Suppen in den Volksküchen wurden immer dünner, und das Prinzip «All you can eat» wurde schnell zur reinsten

Farce. Schon Ende 1958 wurde das Essen in den Volksküchen wieder rationiert.

Im Frühjahr 1959 war Mao sich über viele dieser Probleme im Klaren und kritisierte in Briefen und Reden an die Parteikader die falschen Statistiken, zu hohe Abgabequoten, überzogene Gleichmacherei sowie den Kommandostil lokaler Kader gegenüber den Bauern.[102] Die Konferenzen des Zentralkomitees in Zhengzhou fassten im Februar und April Beschlüsse, um die Probleme zu lösen. Für den Widerstand der Bauern äußerte Mao sogar Verständnis. Auf den massiven Abzug von Getreide aus den Dörfern durch den Staat reagierten die Bauern, indem sie versuchten, Getreide zu verstecken. *Aber die Bauern wollen leben, daher müssen sie 15 Prozent der Produktion verheimlichen, wofür sie Dutzende von Methoden haben, das ist ihr legitimes Recht, und doch kritisieren wir sie als partikularistisch [...]. Sobald man Druck auf sie ausübt, haben 500 Millionen Bauern keinen Ausweg und leisten Widerstand. Letztes Jahr haben die Bauern mit letztem Einsatz Widerstand geleistet, sie ließen die Produkte verderben, ja vernichteten sie sogar. Dieser Widerstand war gut, er veranlaßte uns, einmal über dieses Problem nachzudenken.*[103] Die Strategie «Weniger zu berichten, um heimlich zu verteilen» war während der gesamten Ära der Volkskommune in China weit verbreitet.[104] Die Bauern versuchten außerdem, durch Massenflucht, Diebstahl, Schwarzmärkte und Bettelei zu überleben. Obwohl das 1958 eingeführte Haushaltsregistersystem (Hukou) die Landflucht stoppen sollte, schwoll die Stadtbevölkerung während der Hungersnot in Rekordzeit an. Mao zeigte sich trotz seines Verständnisses für den Widerstand der Bauern keinesfalls bereit, die Politik des «Großen Sprungs» komplett aufzugeben. Stattdessen wurden nur einige utopische Elemente und unrealistische Pläne modi-fiziert. Für Ausschweifungen und den «Wind des Kommunismus» machte er lokale Kader verantwortlich. Allerdings wollte Mao kein *kaltes Wasser* auf die Köpfe der enthusiastischen Aktivisten schütten und setzte weiter auf die Mobilisierung der Massen.

Auch an der Peripherie des Reiches kam es zu einer ernsten Krise. Am 11. April 1959 entbrannte in Tibet ein bewaffneter Aufstand gegen die Volksbefreiungsarmee, in dessen Folge der Dalai Lama nach Indien floh. Das Bündnis zwischen der KPCh und der tibetischen Theokratie war damit zerstört. Der Dalai Lama, der einst ein Lobgedicht auf Mao verfasst hatte, wurde im Exil zu einem der schärfsten Kritiker des chinesischen Kommunismus. In der Folge gab die Partei ihre moderate Politik gegenüber Tibet auf und forcierte «demokratische Reformen» zur Enteignung der Ländereien der Aristokraten und Klöster. Ende April übergab Mao das Amt des Staatspräsidenten an Liu Shaoqi und zog sich aus den täglichen Regierungsgeschäften zurück. Allerdings blieb Mao als Vorsitzender der Partei weiterhin der mächtigste Mann im Staat.

Als sich die Parteiführung im Sommer zu einer Tagung auf dem sagenumwobenen Lushan-Berg traf, brachten die Par-

Der Dalai Lama über seinen Eindruck von Mao

«Seine Erscheinung zeigte nicht seine intellektuelle Stärke. Er amtete immer schwer und schnappte nach Luft. […] Er schenkte seiner Kleidung keine Aufmerksamkeit. Seine Schuhe sahen aus, als wären sie niemals geputzt worden. Er bewegte sich langsam und sprach auch langsam. Er sparte mit Worten und sprach kurze Sätze, die voller Bedeutung und ungewöhnlich klar und präzise waren. Er rauchte ständig, während er sprach. Die Art und Weise, wie er sprach, ergriff den Geist und die Vorstellungskraft seiner Zuhörer und vermittelte den Eindruck von Freundlichkeit und Aufrichtigkeit […]. Sicher war ich später enttäuscht durch die Politik der Verfolgung, die die chinesischen Autoritäten in Tibet durchführten. Ich fand es aber schwer zu glauben, dass diese Unterdrückung von Mao Zedong befürwortet und unterstützt wurde.»

My Land and my people. New York 1962, S. 118 (Übersetzung F. W.)

teisekretäre aus den Provinzen schlechte Nachrichten über Hungersnöte mit. Zu diesem Zeitpunkt waren schon über eine Million Bauern verhungert. In den ersten Tagen der Konferenz wurden die Missstände in großer Offenheit diskutiert. Das Blatt wendete sich aber, als der Verteidigungsminister Peng Dehuai am 14. Juli in einem persönlichen Brief an Mao den «Großen Sprung» vorsichtig in Frage stellte. Peng war bekannt dafür, kein Blatt vor den Mund zu nehmen, und war schon während des Krieges gegen Japan mehrfach mit Mao aneinandergeraten. Es kam zu einem der dramatischsten Machtkämpfe in der Führung der KPCh. Für Mao war Peng Dehuai zu weit gegangen. Der Verteidigungsminister sei ein Rechtsopportunist, der den Einfluss der bürgerlichen Klassen in der Partei repräsentiere. Kader wie Peng hätten zwar die demokratische Revolution unterstützt, stünden dem Sozialismus im tiefsten Inneren aber ablehnend gegenüber. Nach diesem heftigen Angriff stellte sich die gesamte Parteiführung hinter Mao, und Peng wurde seines Amtes enthoben.

Maos Reaktion mag auch durch außenpolitische Faktoren hervorgerufen worden sein. Die sowjetische Führung zeigte sich von Anfang an skeptisch gegenüber dem «Großen Sprung». Peng war kurz vor der Lushan-Konferenz von einer Tour durch die Warschauer-Pakt-Staaten zurückgekehrt, auf der er auch Chruschtschow getroffen hatte. Die sowjetische Regierung teilte der chinesischen Führung kurz darauf mit, die Pläne für den Bau der Atombombe nicht an sie weitergeben zu wollen. Chruschtschow beschimpfte zudem am 18. Juli in aller Öffentlichkeit die Volkskommune als linksradikal. Für Mao entstand so der Eindruck, dass Peng erst den Ausländern und dann den chinesischen Genossen seine Kritik mitgeteilt hatte. Zum ersten Mal ließ Mao ein Mitglied der obersten Führungselite für moderate Kritik

Die letzte Begegnung zwischen Mao und Nikita Chruschtschow vor dem Ausbruch des Konflikts mit der Sowjetunion, 1959 (rechts Liu Shaoqi)

bestrafen. Auch wenn die Parteiführung Mao unterstützte, so zeichnete sich ein erster Riss in der Führungselite ab, die sich in Yan'an herausgebildet hatte.[105] Der ehemalige Sekretär Maos, Li Rui, ist heute in China einer der einflussreichsten Experten bezüglich des «Großen Vorsitzenden». Für ihn stellt die Lushan-Konferenz einen entscheidenden Wendepunkt in Maos Karriere dar. Spätestens seit diesem Ereignis sei Mao zu einem despotischen Herrscher geworden, der Kritik und gesellschaftliche Realitäten einfach ignorierte.[106]

Auch in Maos Privatleben kam es zu einiger Aufregung auf dem Lushan-Berg. Zum ersten Mal nach 20 Jahren besuchte ihn seine Ex-Frau He Zizhen. Sie hatte sich nach 1937 zehn Jahre lang in der Sowjetunion aufgehalten. Mao-Biographin Jung Chang behauptet, Maos grobes Verhalten bei diesem Treffen hätte bei seiner Ex-Frau zu einem Nervenzusammenbruch geführt, von dem sie sich zeitlebens nicht mehr erholte.[107] Ein offizielles chinesisches Buch berichtet hingegen, dass es von dem Inhalt des Gesprächs keine Überlieferungen gäbe. Während der Hungersnot habe Mao He Zizhen Geld zukommen lassen, um ihr zu helfen.[108] Wieder ein Beleg dafür, dass überlieferte Geschichten beliebig eingesetzt werden, um Mao nach Bedarf in ein schlechtes oder gutes Licht zu rücken.

Der Lushan-Konferenz folgte eine Säuberungskampagne in der KPCh, in der Tausende «kleine Peng Dehuais» aus der Partei ausgeschlossen wurden. Die daraus entstehende Atmosphäre der Angst hatte für den «Großen Sprung» fatale Folgen. Viele lokale Kader wagten jetzt nicht mehr, über Hunger und Fehlentwicklungen zu berichten. Mao forcierte im Anschluss an die Lushan-Konferenz sogar noch einen zweiten «Großen Sprung». Die Planziele der Stahlkampagne schnellten wieder in die Höhe, und der «Wind des Kommunismus» wehte erneut über das Land. Die Bauern mussten wieder in den Volksküchen essen, obwohl zuvor schon das Freiwilligkeitsprinzip verkündet worden war. Auch auf dem Höhepunkt der Hungersnot, 1960, exportierte China weiterhin Getreide ins Ausland. Die Abgabequoten für die Bauern waren trotz des Einbruchs der Produktion die höchsten in der Geschichte der Volksrepublik China. Die Konferenz von Shanghai verfügte im Sommer 1960 sogar die Einführung der Volkskommune in den Städten. Während der Hungersnot entschloss sich die Partei, die industriellen Zentren des Landes wie Beijing, Shanghai und Tianjin zu schützen, während auf den Dörfern Millionen Menschen verhungerten. Die Partei, die mit Hilfe der Bauern an die Macht gekommen war, sicherte nun durch den Schutz der urbanen Zentren ihr Überleben. Auch Kader und Intellektuelle wurden mit Extrarationen versorgt. Naturkatastrophen waren nicht der entscheidende Auslöser der Hungersnot

Andauernde Armut: Bauernkinder in einem Dorf in der Provinz Gansu, 1958

und wurden erst später als Entschuldigung vorgeschoben. Wie viele Menschen während der Hungersnot starben, werden wir wohl nie erfahren, da das Statistiksystem zeitweise zusammenbrach. Die Schätzungen aufgrund späterer Volkszählungen gehen von 15 bis 45 Millionen Toten aus.[109] Schließlich machte sich die Hungersnot sogar in der Zentrale der Macht, in Zhongnanhai, bemerkbar. Mao und andere Parteiführer versanken in Depression und Lethargie.[110] In chinesischen Quellen wird häufig wiederholt, dass Mao 1960 sieben Monate kein Fleisch aß, um seine Solidarität mit den hungernden Bauern auszudrücken.[111] Kritischere Autoren räumen jedoch ein, dass er zwar kein Fleisch aß, sich dafür aber nahrhafte Gemüse- und Tofuprodukte aus Shanghai kommen ließ. In Beijing gab es hingegen nur noch Weißkohl.

Warum Mao die Politik des «Großen Sprungs» trotz der Hungersnot 1960 noch fortsetzte, ist heute aufgrund des mangelnden Zugangs zu den zentralen Archiven noch unklar. Mit der Absetzung von Peng Dehuai und der Säuberungskampagne gegen die «Rechtsopportunisten» hatte sich Mao festgelegt und konnte ohne großen Gesichtsverlust das Steuer nicht plötzlich herumreißen. Auch begann 1960 mit dem Artikel «Lang lebe der Leninismus» in der «Volkszeitung» die offene Auseinandersetzung mit der Sowjetunion und deren Außenpolitik der «friedlichen Koexistenz» gegenüber den USA. Ein Eingeständnis des Scheiterns hätte China in dieser Auseinandersetzung geschwächt und gezwungen, die Beziehungen wieder zu verbessern. Der Konflikt spitzte sich weiter zu, bis Chruschtschow schließlich die sowjetischen Experten aus China abziehen ließ.

Der Machtkampf nach der Lushan-Konferenz hatte zu einer Dynamik geführt, in der nur Mao mächtig genug war, das Desaster zu beenden. Ende 1960 führten mehrere Ereignisse zum Umdenken Maos. Obwohl ihn immer wieder Nachrichten über die Hungersnot erreichten, wollte Mao das riesige Ausmaß der Katastrophe lange nicht wahrhaben.[112] Als er aber seine Sekretäre zu Untersuchungen aufs Land schickte, konnte er seine Augen nicht mehr vor der Realität verschließen. Sie berichteten detailliert vom Massensterben in den Dörfern. Zusätzlich gingen die Getreidevorräte für die Städte Beijing und Shanghai zu Ende. Mao musste sich nun entscheiden, auch die Städte verhungern zu lassen oder eine neue Politik einzuführen. Die Zentralregierung erreichten außerdem Meldungen, dass im Süden der Provinz Henan beim sogenannten «Zwischenfall von Xinyang» eine Million Bauern verhungert waren. Nun schickte Mao 30 000 Soldaten der Volksbefreiungsarmee, um die lokale Führung abzusetzen. Allerdings glaubte er nicht, dass die ultralinken

Kader für diesen «Zwischenfall» verantwortlich waren, sondern Großgrundbesitzer innerhalb der Partei die Macht ergriffen hätten. Daher bedürfe die Region eines «Nachhilfeunterrichts in der demokratischen Revolution»[113].

Gestützt auf die Untersuchungen von Maos Sekretären, leitete die Parteiführung eine neue Politik ein. Die Volkskommune wurde verkleinert und die Produktionsgruppe zum entscheidenden Eigentümer und zur Grundlage des Organisationsaufbaus. Privatparzellen und Bauernmärkte wurden wieder zugelassen. Die Volksküchen schaffte die Partei ab, so durften die Bauern wieder zu Hause essen. Die Agrarpreise wurden um 20 Prozent erhöht und die staatliche Ankaufspolitik gelockert. Den Produktionsgruppen verbot die Partei zeitweise sogar, sich mit der Stahlproduktion zu befassen, da die Ernte vernachlässigt worden war. China importierte nun Getreide, um die hungernde Bevölkerung ernähren zu können. Um die Anzahl der Beschäftigten auf staatlichen Gehaltslisten zu reduzieren, wurden nach 1962 zwanzig Millionen Menschen aufs Land zurückgeschickt, die nach 1958 in die Städte gekommen waren. Schon im selben Jahr verbesserte sich die Versorgungslage in China erheblich.

Das Scheitern des «Großen Sprungs» war für Mao sein persönliches Waterloo. Die zentralen Projekte dieser Strategie, wie die Stahlkampagne und die Volksküche, waren von ihm persönlich 1958 propagiert worden. Auf der 7000-Kader-Konferenz im Januar 1962 übernahm Mao als Vorsitzender der Partei formal die Verantwortung für das Scheitern des «Großen Sprungs». Aus einem Vertreter der radikalen Umwälzung der Eigentumsverhältnisse wurde Mao nach 1962 ein Verteidiger des Status quo. Die verkleinerte Volkskommune mit ihren gemischten Eigentumsformen stellte er nicht mehr in Frage, da er die Versorgungslage nicht gefährden wollte. Massenkampagnen setzte Mao nicht mehr als Mittel der ökonomischen Entwicklung ein. Der erste Versuch, ein chinesisches Modell des Sozialismus zu entwickeln, war katastrophal gescheitert. Trotzdem gelang es der KPCh, die schwere Krise zu überleben und durch die neue Politik wieder Quellen der Legitimation zu erschließen. Mao zog sich vorerst in die zweite Reihe zurück und überließ Liu Shaoqi und Deng Xiaoping die Regierungsgeschäfte.

Maos größter Fehler und das größte Verbrechen seines Lebens war es, 1959 / 60 den zu Millionen verhungernden Bauern nicht geholfen zu haben. Hätte die Partei die lebensrettenden Maßnahmen wie Import von Getreide, Wiederzulassung der privaten Parzellen und lokalen Märkte sowie die Abschaffung der kleinen Schmelzöfen und Volksküchen nicht erst Anfang 1961 durchgesetzt, sondern ein Jahr früher, hätte die Hungersnot nie ein solches Ausmaß erreicht. Die KPCh brach ihr Versprechen, dass nie wieder ein Chinese verhungern solle. Laut der chinesischen Tradition hat der Herrscher im Fall von Hungersnöten für die Untertanen zu sorgen.[114] Modernisierer wie Mao, aber auch Chiang Kai-shek, vergaßen jedoch dieses Erbe und sahen große Opfer der Bevölkerung als unvermeidbaren Preis des Aufbaus des neuen Chinas an. Der Vergleich mit der europäischen Geschichte des 18. und 19. Jahrhunderts legt nahe, dass eine Industrialisierung und Modernisierung der Gesellschaft ohne Opfer nicht möglich ist. Hinzu kam noch, dass die chinesischen Kommunisten diese Aufgabe in einem viel kürzeren Zeitraum, in einer gerafften Zeit, verwirklichen wollten. Die Hungersnot des «Großen Sprungs» zeigt aber, dass Millionen Opfer auch mit den Mitteln des bestehenden Systems hätten verhindert werden können.

Die Jahre vor dem grossen Sturm (1962–1965)

Nach 1962 wurde die alte Form der Herrschaft der zentralen Bürokratien und der Partei restauriert. Im ersten Jahr nach der Hungersnot entschärfte sich auch der Konflikt mit der Sowjetunion, der «große Bruder» schickte sogar Hilfslieferungen von Getreide und Zucker.[115] In den Jahren bis 1965 gab es nur grobe Leitlinien in der Wirtschaftsplanung, um die chinesische Industrie und Landwirtschaft wieder auf das Niveau von 1957 zu heben. Die Landwirtschaft stand dabei zunächst im Mittelpunkt. Auf dem Gebiet der Bildungs- und Kulturpolitik nahm die Parteiführung die Reformen von 1958 zurück, und die Rolle der Experten, Lehrer und Intellektuellen wurde wieder gestärkt. Mao mischte sich erst Ende 1962 während der Debatte um das Familienverantwortlichkeitssystem offensiv ein. In der Provinz Anhui hatte die Führung die Volkskommunen faktisch weitgehend aufgelöst und die Bauernfamilien für die Erfüllung der Abgabequoten verantwortlich gemacht. Auf dem staatlichen Boden wurden so die Familien zur entscheidenden Wirtschaftseinheit. Deng Xiaoping sprach sich mit der Begründung von Produktionssteigerungen offen für die Ausweitung dieses Modells aus. Die stärkere Einbeziehung von Marktmechanismen war für ihn die Lehre aus der Hungersnot. Mao ging dieses Modell allerdings zu weit, da es seiner Meinung nach die sozialistische Basis der Wirtschaft untergrabe. Die Schwächung des Parteiapparats durch die Krise hatte außerdem nach seiner Auffassung dazu geführt, dass Kader korrupt wurden und sich bereicherten. Die Kommunistische Partei würde auf dem Land vom Klassenfeind unterwandert werden. Wiederholt warnte Mao vor der Gefahr der Restauration des Kapitalismus. Der Klassenkampf zwischen Proletariat und

Bourgeoisie gehe auch im Sozialismus noch weiter und sei keinesfalls beendet.

Die Jahre vor der Kulturrevolution zeichneten sich durch große Ambivalenzen und Komplexität aus. Obwohl Liu und Deng auf den Gebieten Wirtschaft und Kultur eine moderate Politik durchsetzten, bahnten sich große gesellschaftliche Auseinandersetzungen an. 1963 startete die Parteiführung die «Sozialistische Erziehungskampagne» auf dem Land. 1,5 Millionen Kader wurden in Arbeitsteams mobilisiert, um den «Massen» vor Ort zu helfen, gegen korrupte Kader vorzugehen sowie Finanzen, Rechnungsbücher, Getreidespeicher und die Zuweisung von Arbeitspunkten zu überprüfen. Mit Hilfe seines Cheftheoretikers und Sekretärs Chen Boda ließ Mao die Kampagne radikalisieren. Zum

Noch in trauter Einheit: Ministerpräsident Zhou Enlai, Wirtschaftsplaner Chen Yun, Staatspräsident Liu Shaoqi, Mao Zedong und der Vorsitzende der KPCh, Deng Xiaoping, auf einer Sitzung der KP in Beijing, 1962

ersten Mal fiel der Begriff «Machthaber des kapitalistischen Weges innerhalb der Partei». Mao hoffte, die Verbände der «armen Bauern und unteren Mittelbauern» wiederzubeleben, um so in den Dörfern den Klassenkampf zu entfachen. Auch der Klassenstatus der Bauern sollte neu überprüft werden. Allerdings gelang es der Partei kaum, die Dörfer, die sich gerade von der Hungersnot erholt hatten, zu mobilisieren. Heimliche Unterschlagung von Getreide wurde häufig von Dorfkadern und Bauern gemeinsam organisiert, da sie sich seit der Hungersnot nicht mehr auf den Staat verlassen wollten. Frustriert über den Verlauf der Kampagne, behauptete Mao schließlich, dass die Macht in einem Drittel von Chinas Dörfern faktisch nicht mehr in der Hand der Kommunistischen Partei sei.

In diesen Jahren griff auch die Volksbefreiungsarmee stärker in die Politik ein. Peng Dehuais Nachfolger und Bürgerkriegsheld Lin Biao ließ 1964 in der Armee die Ränge abschaffen und reorganisierte die Streitkräfte stärker nach dem Vorbild politischer Partisanen und nicht nach dem professioneller Berufssoldaten. Die alten Zeiten der Guerillaarmee von Jinggangshan und der Volkskrieg wurden wieder beschworen. Mit den Kampagnen «Das ganze Land lernt von der Volksbefreiungsarmee» und «Lernt von Lei Feng» wurde nun die Armee als die «Schule des Kommunismus» präsentiert. Bis heute kennt jedes chinesische Schulkind den Vorbild-Soldaten Lei Feng, der in der Erziehung als Beispiel eingesetzt wird, dass man dem Volk dienen und selbstlos anderen Menschen helfen soll. Die Armee war während der gesamten Mao-Ära eine der populärsten Organisationen in China, da sie für die Söhne aus dem einfachen Volk Aufstiegsmöglichkeiten und soziale Absicherung bot sowie das soziale Ansehen der Angehörigen der Soldaten steigerte. Für die Soldaten ließ Lin Biao auch das «Rote Buch» mit Mao-

Zitaten zusammenstellen, das während der Kulturrevolution zur «Bibel» aller Chinesen werden sollte. Die Soldaten wurden auf Treue zu Mao eingeschworen.

Auch außenpolitisch bahnten sich große Veränderungen an. Als das ZK der KPCh die KPdSU 1963 und 1964 in offenen Polemiken direkt angriff, eskalierte der Konflikt mit der Sowjetunion von neuem. Zum damaligen Zeitpunkt war es innerhalb der kommunistischen Weltbewegung unüblich, offen Kritik an der Sowjetunion zu äußern. Auch wenn nur die Parteien Vietnams, Nordkoreas, Japans und Albaniens für den chinesischen Standpunkt Sympathie zeigten, so setzten die offenen Polemiken die Sowjetunion im sozialistischen Lager unter starken Druck. Interessanterweise wurde der «sowjetische Revisionismus» in den Briefen in erster Linie auf außenpolitischem Gebiet angegriffen. In Chruschtschows Bestreben, zu einem Arrangement mit den USA zu kommen, sah die chinesische Führung einen Verrat an den antiimperialistischen Befreiungsbewegungen der Dritten Welt. Außerdem warf sie den beiden Supermächten USA und UdSSR vor, sich durch den angestrebten Atomwaffensperrvertrag ein Monopol über die Atombombe sichern zu wollen. Da sich China auch weiterhin das Recht vorbehielt, Taiwan notfalls auch militärisch zu «befreien», war es gegen die Politik der «friedlichen Koexistenz» mit dem kapitalistischen Lager um jeden Preis. Nach dem Sturz von Chruschtschow reiste Zhou Enlai 1964 nach Moskau, um die Beziehungen mit der Sowjetunion wieder zu verbessern. Auf einem Empfang kam es allerdings zu einem Eklat, als der betrunkene sowjetische Verteidigungsminister Rodion Malinowskij sagte: «Wir sind Chruschtschow losgeworden, jetzt müsst ihr Mao loswerden.»[116] Der Zwischenfall wurde Mao sofort berichtet und steigerte seine Sorge, die Sowjetunion könne sich mit seinen innerparteilichen Gegnern gegen ihn verbünden.

Seit dem direkten Eingreifen der USA in den Vietnamkrieg 1965 und dadurch, dass die Sowjetunion in der Mongolei große Truppenverbände aufmarschieren ließ, fühlte sich Mao von allen Seiten eingekreist. Mit dem Aufbau der sogenannten 3. Linie zur Verteidigung im Westen Chinas wurde die Strategie auf den Volkskrieg umgestellt. Falls der Feind angriffe, sollte er nicht an den Grenzen zurückgeschlagen, sondern tief im Landesinneren durch einen Partisanenkrieg zermürbt werden. Zu diesem Zweck investierte der Staat bis 1971 enorme Mittel, um wichtige Industriezweige nach Westen zu verlagern und neu aufzubauen. Dieses geheime Projekt war in erster Linie verteidigungsstrategisch motiviert und nahm auf wirtschaftliche Effizienz wenig Rücksicht. Gegen die gemäßigten Planer setzte Mao durch, in Panzhihua in der Provinz Sichuan auf grüner Wiese ein neues schwerindustrielles Zentrum zu schaffen.[117] Damit ließ Mao den Fokus der Wirtschaftspolitik wieder von der Landwirtschaft auf die Schwerindustrie verlagern. Dass beim chinesischen Weg zum Sozialismus die Landwirtschaft und Leichtindustrie im Vordergrund gestanden hätte, ist eine Legende aus den 1970er Jahren. Im Zusammenhang mit der 3. Linie wurden unter großen Opfern in den hohen Gebirgen in Südwestchina neue Bahnlinien gebaut. In der Provinz Yunnan entstand eine komplette Industrie, um die nordvietnamesische Armee mit Waffen und Logistik zu versorgen. Zumindest der arme Westen des Landes profitierte von der neuen Infrastruktur. Mit der Zündung der ersten chinesischen Atombombe am 16. Oktober 1964 signalisierte die chinesische Führung, zur Verteidigung des Landes bereit zu sein.

In diesen Jahren begann China mit großem finanziellen Aufwand die Befreiungsbewegungen in Afrika und Asien zu unterstützen. Mao präsentierte sich verstärkt als ein Vertreter der Interessen der Dritten Welt und der unterdrückten Völker. Mao bezeichnete den «US-Imperialismus» als den Feind aller farbigen Völker und träumte von einer globalen antiimperialistischen Einheitsfront. Auch wenn Chinas Einfluss auf die Bewegungen in Afrika im Vergleich zur Sowjetunion und den USA gering blieb, so konnte die Dritte-Welt-Politik Chinas doch viel Prestige gewinnen.

Durch die Kritik am sowjetischen Revisionismus und die Beschwörung der Gefahr einer Restauration des Kapitalismus bereitete Mao auch die Attacke auf die Parteirechte in China vor.[118] Mit der Führung um Liu und Deng wurde er immer unzufriedener. Die Wirtschaft hatte sich zwar bis 1965 wieder erholt, doch glaubte Mao, dass der bürokratische Apparat immer mehr erstarre und der revolutionäre Geist in der Partei verschwinde. Seine Frau Jiang Qing, die bis dahin nur kleinere Posten halbherzig übernommen hatte, baute eine mächtige Koalition in der Parteilinken und mit Verteidigungsminister Lin Biao auf. Sie eröffnete die Kritik an der offiziellen Kulturpolitik. Auch Mao war der Ansicht, dass fünfzehn Jahre nach der Gründung der Volksrepublik immer noch die Geister der Vergangenheit die Filme, Opern und Theaterstücke beherrschen würden. Im Mittelpunkt der Kulturpolitik der revisionistischen Bürokraten würden nicht die Massen und die Revolution stehen.[119] Die Spaltung innerhalb der Partei, die sich auf der Lushan-Konferenz abgezeichnet hatte, wurde offenbar. Da der Bereich der Politik nach wie vor stark kontrolliert wurde, hatten einige Autoren die größeren künstlerischen Freiheiten genutzt, um Kritik an Mao zu üben.[120]

Der ultralinke Literaturkritiker Yao Wenyuan (1931 bis 2005) aus Shanghai griff im November 1965 das Theaterstück «Der Beamte Hai Rui wird entlassen» von Wu Han (1909–1969) an, da der Autor mit dem Stück Peng Dehuais

Kritik am «Großen Sprung» unterstützen und Mao attackieren würde. Mao sorgte gegen den Widerstand der Parteibürokratie in Beijing dafür, dass die Attacken der Linken in den nationalen Medien verbreitet wurden. Was als Literaturkritik begonnen hatte, sollte sich 1966 zur «Großen Proletarischen Kulturrevolution» ausweiten. Mit dieser Massenbewegung sollte Mao China an den Rand eines Bürgerkriegs führen.

Die Große Proletarische Kulturrevolution: «schöpferische Zerstörung» und Restauration (1966–1976)

Am 16. Juni 1966 schwamm Mao vor den Augen von Tausenden Zuschauern bei Wuhan durch den Yangzi-Fluss. Symbolträchtig wurde dieses Ereignis in den Medien inszeniert. In einer Stunde und fünf Minuten soll Mao 15 Kilometer in der Strömung geschwommen sein. Die Botschaft war eindeutig. Der zweiundsiebzigjährige «Steuermann», der den

Mao durchschwimmt den Yangzi-Fluss, 1966.

Fotografen in einem weißen Bademantel zuwinkte, war noch bei bester Gesundheit, um die Revolution zu führen. Zu diesem Zeitpunkt entbrannte in Beijing Maos umstrittenste Massenbewegung: die «Große Proletarische Kulturrevolution». Von den heutigen Machthabern in Beijing wird diese Epoche als «zehn Jahre Chaos» bezeichnet.

Die Jahre der Rebellion (1966–1967)

Einige Mao-Biographen sind der Meinung, dass die Kulturrevolution nur ein Machtkampf innerhalb der Elite war und Mao diese Bewegung ausnutzte, um den rechten Parteiflügel auszuschalten. Jung Chang reduziert die Bewegung im Wesentlichen auf Maos sadistische Gelüste, sich an seinen Gegnern in der Partei zu rächen. Warum die Kulturrevolution im Sommer 1966 von Teilen der chinesischen Gesellschaft euphorisch begrüßt wurde, kann die ehemalige Rotgardistin nicht erklären.

In den ersten Jahren, von 1966 bis 1968, brachen aber schwere gesellschaftliche Konflikte aus, und Bewegungen von unten entwickelten sich. Millionen von Chinesen, überwiegend die städtische Jugend und Teile der Arbeiterschaft, ließen sich von Maos Aufruf zur Rebellion begeistern und schlossen sich in Gruppen der neu entstehenden Roten Garden oder Rebellen zusammen. In hohem Alter bewies Mao noch ein großes Gespür für Stimmungen in der Gesellschaft. Er suchte und fand eine neue soziale Basis für seine *permanente Revolution.* Es greift daher zu kurz, ihn als weltfremden Kaiser zu charakterisieren. Die chinesische Gesellschaft war Mitte der sechziger Jahre von tiefen Brüchen und Konflikten gekennzeichnet. An dieses Pulverfass legte Mao mit seiner radikalsten Massenbewegung die Lunte an. Neben der alten intellektuellen Elite, deren Kinder immer noch die Mehrheit der Studenten an den Elite-Hochschulen wie der Qinghua-Universität ausmachte, war eine neue Elite der Kaderkinder entstanden. Außerdem drängten die Nachkommen der Arbeiter und Bauern an die Universitäten und stellten das Prestige von Kindern aus dem Bildungsbürgertum und von Revolutionsveteranen in Frage. Besonders der Nachwuchs aus Familien mit schlechtem Klassenstatus fühlte sich ausgeschlossen und wollte beweisen, dass auch er zu den roten Kindern Maos gehörte. Durch die Verschickung von zwanzig Millionen Menschen aufs Land war der privilegierte Teil der industriellen Kernbelegschaften nach 1962 verkleinert worden. Millionen Arbeiter wurden nur noch als Kontraktarbeiter angestellt, die etwa 30 bis 40 Prozent der Beschäftigten in der Industrie ausmachten.[121] Viele von ihnen waren hellauf begeistert, als die Parteilinke das Kontraktsystem als «kapitalistische Ausbeutung» geißelte. Durch den Kurs von Liu Shaoqi und Deng Xiaoping war die Macht der Betriebsleiter außerdem enorm gestärkt worden, was zu Unmut unter den Arbeitern führte.

Auseinandersetzungen um den Charakter der Kulturrevolution führten zum Bruch zwischen Mao und Liu Shaoqi. Während Liu glaubte, die Kulturrevolution sei eine der üblichen Massenkampagnen unter Kontrolle der Parteikomitees und Arbeitsteams, stellte sich Mao auf die Seite der Studenten, die an den Beijinger Elite-Universitäten Beida und Qinghua rebellierten. Mit den Aussprüchen *Das Hauptquartier bombardieren* und *Rebellion ist gerechtfertigt* rief Mao die Jugendlichen auf, gegen die «Machthaber des kapitalistischen Weges» in der Partei vorzugehen. Der Vorsitzende der KPCh inszenierte sich erfolgreich als Rebell gegen das Establishment. Mao ermunterte Jugendliche und Arbeiter dazu, ihre eigenen Organisationen zu bilden.[122] Das Informationsmonopol der Partei wurde faktisch gebrochen, da

Schülerinnen und Schüler beim vormilitärischen Training mit Luftgewehren, um 1970

Rotgardisten und Rebellengruppen selbständige Zeitungen herausgaben. Die Roten Garden stürmten Archive und verbreiteten zuvor geheime Dokumente. Von Juni 1966 bis Oktober 1967 wurden Schüler und Studenten vom Unterricht freigestellt, um an der Revolution teilzunehmen. Lernen, die Revolution zu machen, wurde als wichtiger angesehen, als den Unterricht nicht zu stören. Nicht wenige Jugendliche nutzten die neue Freiheit und schlossen sich der sogenannten Aussteigerfraktion an. Anstatt an Kampagnen und Sitzungen teilzunehmen, reisten sie durch das Land, machten sich einen faulen Lenz, schlossen sich Straßengangs an oder lasen Übersetzungen westlicher Romane, die eigentlich nur für den parteiinternen Gebrauch gedacht waren, aber nun im Untergrund zirkulierten. Einige Jugendliche verwahrlosten auch in dieser Zeit.

In dem ZK-Beschluss zur Kulturrevolution vom Mai 1966 hieß es, dass in Schulen, Universitäten, Ämtern, Fabriken und Dörfern die revolutionären Massen nach dem Vorbild der Pariser Kommune von 1871 ihre Vertreter selbst wählen sollten. Das bedeutete die Einführung eines imperativen Mandats, laut dem die direkt gewählten Delegierten jederzeit abwählbar sein sollten.[123] In Shanghai wurde 1967 sogar eine Kommune errichtet und das örtliche Parteikomitee entmachtet. Mao und die kulturrevolutionäre Linke unternahmen den Versuch, die Macht des leninistischen Parteiapparats durch basisdemokratische Parallelstrukturen zu ergänzen. In Wandzeitungen, großen

Der Feind in den eigenen Reihen: Mao über die Kulturrevolution

«Die sozialistische Revolution richtet sich nun gegen sich selbst. Während der Vergenossenschaftsbewegung gab es in der Partei Leute, die dagegen waren, und sie haben Widerwillen gegen die Kritik am bürgerlichen Recht. Man macht die Revolution und weiß nicht, wo die Bourgeoisie sitzt; sie sitzt mitten in der Kommunistischen Partei – es sind die Parteimachthaber, die den kapitalistischen Weg gehen. Die Machthaber auf dem kapitalistischen Weg gehen diesen Weg noch.»

Aus: Helmut Martin (Hg.): Mao intern. München 1977, S. 216 f.

Wandzeitungen in China, um 1966

Debatten und Kritiksitzungen konnten die Jugendlichen ihrem Unmut freien Lauf lassen. Gefühle und Kritik, die zuvor jahrelang unterdrückt werden mussten, konnten offen geäußert werden. Führende Persönlichkeiten wie Mao oder Zhou Enlai konnten allerdings nicht angegriffen werden. Millionen von Rotgardisten durften im ganzen Land die Züge kostenlos benutzen und fuhren nach Beijing. Der Staat war 1966 in der Lage, diese großen Massen von Menschen in der Hauptstadt kostenlos unterzubringen und zu versorgen.

In den ersten Jahren der Kulturrevolution entfaltete sich auch ein lebhafter Arbeiteraktivismus, der in den Betrieben eine Legitimitätskrise des Managements auslöste. Stücklöhne und Strafmaßnahmen der Betriebsleitung gegen Arbeiter wurden nun als Ausdruck der «revisionistischen Linie» Liu Shaoqis gebrandmarkt und abgeschafft. Shanghai wurde zur Hochburg dieser Arbeiterbewegung und der radikalen Parteilinken. Im Januar 1967 demonstrierten dort über 100 000 Arbeiter für die Abschaffung des Kontraktsystems.[124] Mit einer Kampagne gegen «Ökonomismus» versuchte die Parteiführung allerdings zu verhindern, dass die Arbeiter auch für höhere Löhne streikten. Zhang Chunqiao (1917–2005), der Kopf der neugegründeten Kommune von Shanghai, ließ die Arbeiterrebellen sogar in Milizen bewaffnen und forderte dadurch die reguläre Armee heraus. In Shanghai ließ Mao die Linke bei der Etablierung einer bewaffneten Gegenmacht gewähren, legte aber sein Veto auf nationaler Ebene dagegen ein.[125]

Es wurde während der Kulturrevolution aber nicht nur die Debatte «demokratisiert», sondern auch die Gewalt. Als die Rotgardisten begannen, Lehrer zu terrorisieren und «Konterrevolutionäre» zu erschlagen, bekam die Polizei die Anweisung, nicht einzugreifen.[126] Wie während der Bodenreform sah Mao auch in diesem Fall in der Gewalt ein

Mittel, um die Gegner öffentlich zu demütigen und die Aktivisten in die Bewegung einzubinden. Die Gegner und die Angriffsfläche wurden mit Begriffen wie «Machthaber des kapitalistischen Weges» oder «bürgerlichen akademischen Autoritäten» bewusst nicht klar definiert. Zu diesem Zeitpunkt übernahm die «Kleine Gruppe der Kulturrevolution des Zentralkomitees», die von Linken wie Chen Boda, Yao Wenyuan, Zhang Chunqiao und Maos Frau Jiang Qing dominiert wurde, die Leitung der Bewegung anstelle der Parteibürokratie. Die neue Führung setzte Liu Shaoqi und Deng Xiaoping ab und startete eine landesweite Kritikkampagne. An den Kritikern des «Großen Sprungs» wurde nun Rache genommen. Peng Dehuai und Wu Han starben an den Folgen langjähriger Haft, Misshandlungen und Folter. Neben führenden Parteikadern gehörten auch Menschen mit schlechtem Klassenstatus sowie ehemalige GMD-Mitglieder zu den Opfern. Im zweiten Halbjahr 1966 deportierten nach offiziellen Angaben Rote Garden und Sicherheitskräfte 397 400 «Rinderteufel und Schlangengeister» aus den Städten.[127] Vor allem Beijing sollte als «Hauptstadt der Weltrevolution» gesäubert werden.

Mao begriff die Kulturrevolution als revolutionäre Frischzellenkur für einen bürokratisch erstarrten Parteiapparat. Außerdem sollte durch die Massenbewegung eine soziale Basis für die Weiterführung der «permanenten Revolution» geschaffen werden. In keinem der offiziellen Dokumente war jedoch davon die Rede, dass die Partei als solche zerschlagen werden sollte, auch wenn sogar hohe Funktionäre wie der Beijinger Bürgermeister Peng Zhen oder der Außenminister Chen Yi der Willkür der Roten Garden überlassen wurden.

Zu diesem Zeitpunkt verfasste Mao keine langen Artikel mehr, um seine Politik öffentlich zu erklären. Jede Rebellen-

Mit Kegelhüten und diffamierenden Plakaten werden in Beijing vermeintliche Mao-Gegner nach ihrer Festnahme durch die Stadt gefahren, 1967

gruppe konnte selbst definieren, wer die «Machthaber des kapitalistischen Weges» waren, und unter dem Stichwort «Rebellion» ihre eigene Politik betreiben. Nicht nur die Linken, sondern auch Anhänger der Parteibürokratie und die privilegierten Teile der Arbeiter organisierten eigene Gruppen. Da niemand sich bei der Rebellion gegen Kader oder bei deren Verteidigung auf eine andere Autorität als Mao berufen konnte, eskalierte die Gewalt zwischen den Gruppen. Von Basisdemokratie konnte keine Rede sein. Besonders schlimme Formen nahmen die Fraktionskämpfe der Roten Garden in der Provinz Guangxi im Südwesten an, weil die Jugendlichen massenhaft Waffen erbeuten konnten, die eigentlich für das angrenzende Nordvietnam produziert worden waren. Offizielle Schätzungen gehen heute von 83 000 Toten bei den Fraktionskämpfen allein in dieser

Provinz aus.[128] Die Rotgardisten wurden außerdem zum Angriff auf die alte Kultur, alte Ideen, Sitten und Gebräuche aufgerufen. Da auch in diesem Fall die Ziele nicht klar definiert wurden, artete die Zerstörung aus, und wichtige Kulturgüter Chinas fielen der Bewegung zum Opfer.

Mao, der im Sommer 1966 noch das große Chaos unter dem Himmel herbeigesehnt hatte, bekam angesichts der bürgerkriegsähnlichen Auseinandersetzungen Angst vor den Geistern, die er selbst gerufen hatte. *Die Roten Garden spalten sich zudem unausgesetzt, im Sommer waren sie revolutionär, im Winter sind sie konterrevolutionär geworden […]. Jetzt breitet sich der Anarchismus aus, alles wird in Zweifel gezogen, alles umgestürzt, das Ergebnis ist, daß es auf sie selbst zurückfällt, so geht das nicht.*[129] Mao traf sich mit Vertretern der Rotgardisten und Rebellen, um ihnen mitzuteilen, dass er als

Zerschlagung der «Vier Alten» – alte Ideen, alte Sitten, alte Kultur, alte Gebräuche: Verbrennung verfemter Schriften, um 1967

«Das Dorf ist eine weite Welt, dort können die schöpferischen Kräfte voll entfaltet werden»: Das Plakat zeigt städtische Jugendliche, die aufs Land verschickt werden

schwarze Hand im Hintergrund ihre Besetzung der Universitäten beenden würde. Die Ersetzung der Partei durch eine Kommune in Shanghai ging Mao außerdem zu weit, und er stoppte das radikale Projekt. Die Partei sei als Kern des Staates weiterhin unverzichtbar.[130] Als die radikale Linke auch in der Armee Jagd auf «Revisionisten» machen wollte, legte Mao Einspruch ein, da er um die Landesverteidigung fürchtete. Mit der Gründung von Revolutionskomitees in ganz China übernahm die Armee faktisch die Macht in Ämtern, Fabriken und Universitäten.

Im ganzen Land wurde die Armee eingesetzt, um gewaltsam die blutigen Fraktionskämpfe zu beenden. Dabei griff die Volksbefreiungsarmee nicht immer auf der Seite der Linken ein. Die Roten Garden wurden in den folgenden Jahren durch die Landverschickung von 16 Millionen städtischer Jugendlicher faktisch zerschlagen. Zwar begründete Mao diese Kampagne mit dem Argument, dass die gebildeten Jugendlichen von den «armen und unteren Mittelbauern» lernen sollten. Die rebellischen Jugendlichen wurden durch die Verschickung aber auch in alle Teile des Hinterlandes zerstreut.

Die ersten Jahre der Kulturrevolution brachten auch eine radikale Reform des Parteiapparats sowie des Bildungs- und Gesundheitssystems. In seiner berühmten Weisung vom 7. Mai 1966, die während der gesamten Kulturrevolution immer wieder zitiert wurde, nahm Mao die Idee der Aufhebung der Arbeitsteilung wieder auf. Wie die Armee in den Stützpunktgebieten im antijapanischen Krieg sollten sich Soldaten, Arbeiter, Bauern und Studenten nicht nur mit einer Tätigkeit, sondern mit Studium, Landwirtschaft, Industrie und Verteidigung befassen.[131] Auswirkungen hatte die Weisung besonders für Kader, die zu Tausenden von den urbanen Zentren in die «7.-Mai-Kader»-Schulen geschickt

Kult um die Jugend: Eine Rotgardistin legt Mao während einer Demonstration auf dem Platz des Himmlischen Friedens eine rote Armbinde um, August 1966

wurden, um körperliche Arbeit zu leisten. Auch seine eigene Tochter Li Na (geb. 1940), seine Bodyguards und Leibärzte mussten zeitweise mit den Bauern zusammenleben. In Beijing öffnete Mao die Elite-Krankenhäuser für einfache Patienten, und Ärzte mussten aufs Land, um dem Volk zu dienen. In Crashkursen bildete der Staat «Barfußärzte» zur Verbesserung der ländlichen Gesundheitsfürsorge aus. Mit Wiedereröffnung der Bildungseinrichtungen wurden die elitären Schwerpunktschulen sowie die zentrale Aufnahmeprüfung für die Hochschulen abgeschafft. Stattdessen sollten die Studenten direkt in den Volkskommunen und Fabriken rekrutiert werden. Alle Studenten und Schüler mussten an körperlicher Arbeit teilnehmen. Während der Unterricht an einigen Elite-Hochschulen in Peking durch die andauernden Fraktionskämpfe noch für Jahre lahmgelegt war, expandierte die Schülerzahl in den Grund- und Mittelschulen, besonders auf dem Land.[132] Die ländlichen Schulen konnten nun eigene Lehrpläne entwickeln, die an den Bedürfnissen des Dorfes und der Landwirtschaft ausgerichtet waren. Die Anhänger des elitären Bildungs- und Gesundheitssystems werfen Mao bis heute vor, er habe mit diesen Maßnahmen China ruiniert.

Im Unterschied zum «Großen Sprung» wurde während der Kulturrevolution auf dem Gebiet der Wirtschaft keine radikale Umwälzung forciert. Unter der Parole «Die Revolution vorantreiben, die Produktion fördern» verhinderte die Führung den Kollaps der industriellen Produktion. Auf den Dörfern durften die Bauern bis auf Ausnahmeregionen die Privatparzellen behalten, und die gemischte Eigentumsstruktur der Volkskommune wurde außer in einigen Modell-Kommunen nicht angetastet. Im Gegensatz zur Stadt war die Kulturrevolution auf dem Land eine relativ stabile Periode. Zeitweise konnten die Bauern Freiräume, die durch die chaotische Situation in den Städten entstanden waren, nutzen, um die Produktion auf den privaten Parzellen auszudehnen. Die relativ moderaten staatlichen Abgabequoten blieben in diesen Jahren stabil. Neben den Lehren der Hungersnot war aber auch die wachsende sowjetische Bedrohung ein Grund für Maos vorsichtigere Wirtschaftspolitik.

Die Jahre der Restauration (1968–1976)

Nach der Eskalation der Fraktionskämpfe der Rebellen und Rotgardisten war die chinesische Führung die nächsten Jahre damit beschäftigt, die Kontrolle im Land zurückzugewinnen. Ab 1968 setzte die Partei wieder auf die institutionalisierten Formen des Terrors und der «Säuberungen». Allein während Kampagnen wie die zur «Säuberung der Klassenreihen» wurden zwischen 1968 und 1971 36 Millionen Menschen überprüft, um versteckte Feinde aufzudecken. Darunter fielen jetzt auch die Rebellengruppen unter den Arbeitern, die eine Übernahme der Macht durch die alten Kader und Soldaten in ihren Betrieben verhindern wollten. Mit harter Hand versuchten die Revolutionskomitees, die Arbeitsdisziplin wiederherzustellen.[133] Nach unvollständigen Angaben starben bei diesen Säuberungskampagnen zwischen 750 000 und 1,5 Millionen Menschen im ländlichen China. Für die Städte sind keine Angaben vorhanden.[134] Damit war vom restaurativen Terror der Institutionen eine viel größere Anzahl von Menschen betroffen als vom spontanen Terror von unten in den Jahren 1966/67.

Zur gleichen Zeit nahm der Mao-Kult immer absurdere Formen an. Der staatlich inszenierte Kult wurde zunächst noch von ehrlicher Begeisterung und Verehrung von unten ergänzt. Millionen Chinesen verbeugten sich nach dem Aufstehen jeden Morgen vor dem Bild des «Großen Vorsitzenden». Es entstand unter Aktivisten der Kulturrevolution ein Wettkampf, wer sich mehr Mao-Anstecker an die Brust heften und wer die meisten Zitate oder gar kompletten Artikel auswendig aufsagen konnte. Propagandafilme priesen die Mao-Zedong-Ideen als Heilmittel gegen Taubheit von Kindern oder als «geistige Atombombe». Laut späteren Angaben wurden während der Kulturrevolution 2,2 Milliarden Mao-Poster produziert. Seine Bücher und Schriften sollen in diesem Zeitraum eine Auflage von über 40 Milliarden Exemplaren gehabt haben.[135] Die Werke von Mao waren damals das übliche Hochzeitsgeschenk, was sich in folgendem Witz widerspiegelt: Ein junges Brautpaar bekommt zur Hochzeit 56 Ausgaben des kleinen roten Buches und 37 Ausgaben der ausgewählten Werke Maos geschenkt. Auf die Frage, was sie nur mit all diesen Büchern machen sollen, antwortete der Bräutigam: Wie uns der Vorsitzende Mao in *Yu Gong versetzt Berge* angewiesen hat, werden wir wie der sture alte Mann diese scheinbar unüberwindbaren Bücherberge abtragen. Scheitern wir, so wird es unseren Kindern und Kindeskindern gelingen. Auch wenn heute der Mao-Kult oft surreal wirkt, so war er damals durchaus ernst gemeint. In den Medien wurde Mao als «Sonne im Herzen der Völker» der Welt gepriesen und offiziell mit den vier Titeln «Großer Lehrer», «Großer Führer», «Großer Kommandeur» und «Großer Steuermann» bezeichnet. Auch wenn sich Mao gegenüber Edgar Snow über diese Titel und den Personenkult kritisch äußerte[136], so unternahm er doch nichts, um die Exzesse zu stoppen. Im Gegenteil, Mao war sich voll bewusst, dass seine Vergötterung ihm zusätzliche Macht verlieh. Chruschtschow sei 1964 wohl auch wegen des Mangels an Personenkult gestürzt worden, erklärte Mao dem Journalisten. Der Aufruf «Der Vorsitzende Mao lebe zehntausend Jahre lang» war traditionell dem Kaiser vorbehalten. Mao sah sich zwar selbst nicht als Kaiser, sondern als Revolutionsführer, doch interessierte er sich sehr für traditionelle Herrschaftsstrategie aus der Vergangenheit. Im Herbst 1966 soll er 5000 Bücher aus der Staatsbibliothek ausgeliehen haben.[137] Die wenigsten Titel darunter waren marxistische Literatur. Mao studierte lieber ausgiebig die Geschichte der chinesischen Dynastien.

Im April 1969 wurde der 9. Parteitag der KPCh einberufen. Der erste Parteitag seit 1956 bestätigte den Sieg der Kulturrevolution und zelebrierte den Sturz von Liu Shaoqi. Im Rechenschaftsbericht an den Parteitag brandmarkte Lin Biao Liu als «chinesischen Chruschtschow» und Verräter. Der Präsident der Volksrepublik, Liu, starb am 12. November an den Folgen der Repressionen und seiner Haftbedingungen. Unter der Parole der Einheit wurde dennoch ein Teil der gestürzten Kader wieder in Amt und Würden eingesetzt und die Kontrolle der Partei im Land langsam wieder restauriert. Einige Autoren, die die Kulturrevolution vor allem als gesellschaftliche Bewegung betrachten, datieren ihr Ende deshalb auf 1969. Die Parteiführung hielt zwar offiziell bis 1976 an der Kulturrevolution fest, führte sie aber in erster Linie in kontrollierten Bahnen von oben weiter. Die Periode zwischen 1969 und 1976 war vor allem durch einen internen Machtkampf verschiedener Fraktionen innerhalb der Parteiführung geprägt.

Mao ließ auf dem 9. Parteitag den Verteidigungsminister Lin Biao gemäß dem neuen Parteistatut für den Fall seines Ablebens als seinen Nachfolger einsetzen. Vertreter der Armee dominierten nicht nur das neue Zentralkomitee, sondern auch in der Wirtschaft investierte der Staat in den folgenden Jahren enorme Summen in den militärisch-industriellen Komplex und die 3. Linie im Westen des Landes. Im März 1969 eskalierte der Grenzkonflikt mit der Sowjetunion, und ein Krieg zwischen beiden Ländern drohte. Lin Biao ließ in der Folge die Führung aus Beijing evakuieren und versetzte die Luftwaffe in höchste Alarmbereitschaft. Die sowjetische Führung zog sogar nukleare Schläge in Erwägung.[138] Zeitweise erschien der chinesischen Führung ein sowjetischer Angriff als realistisch. Vor diesem Hintergrund war auch Mao nicht zu neuen Experimenten zumute.

Mao Zedong und Lin Biao auf dem 9. Parteitag der KPCh
im April 1969

Im September 1971 wurden Maos Pläne für seine Nachfolge durchkreuzt. Lin Biao starb bei einem Flugzeugabsturz, nachdem er angeblich einen Putschversuch gegen Mao geplant haben soll. Dieses Ereignis erschütterte Maos Psyche und auch seinen Gesundheitszustand. Er litt ohnehin schon unter den Folgen einer Lungenentzündung, chronischem Husten und schweren Herz- und Blutdruckproblemen. Zum ersten Mal sahen die Ärzte sein Leben in Gefahr.[139] Nachdem sich sein Zustand gebessert hatte, begann er die Macht der Armee erneut einzuschränken, indem er eine Reihe gestürzter Kader wieder einsetzte. Mao versuchte mühsam, eine Spaltung der Partei zu verhindern, indem er Vertreter des linken und rechten Flügels sowie der Mitte in die Führung integrierte.

Die Lin-Biao-Affäre erschütterte den Glauben von vielen Chinesen an die Kulturrevolution. Lin, der in den Medien als «engster Kampfgefährte» und Nachfolger Maos in einem eigenen Personenkult gefeiert worden war, sollte nun plötzlich ein Verräter gewesen sein. Die offizielle Version vom Tod Lins rief Zweifel hervor. Hinzu kam noch, dass die Millionen aufs Land verschickten Jugendlichen die Armut der Bauern mit eigenen Augen gesehen und miterlebt hatten. In den kargen «Tälern und Bergen» im Hinterland harrten viele ehemalige radikale Anhänger Maos nur noch aus, um eines Tages wieder in die Städte zurückkehren zu können. Die Bauern empfanden die zusätzlichen Esser aus der Stadt, die sich mit Landwirtschaft nicht auskannten, als Belastung.

Neue Energie schöpfte Mao durch seine Erfolge in der Außenpolitik. Er setzte auf eine schrittweise Annäherung an die USA, um die sowjetische Bedrohung auszugleichen. Den ständigen Sitz im UNO-Sicherheitsrat konnte die Volksrepublik mit großer Unterstützung von Staaten aus der Dritten Welt schon Ende 1971 übernehmen. Bis dahin hatte die Republik China, sprich Taiwan, diesen Sitz innegehabt. In dem republikanischen US-Präsidenten Richard Nixon (1913–1994) sollte Mao einen Partner finden, der China als Gegengewicht zur Sowjetunion nutzen und den kostspieligen und unpopulären Krieg in Vietnam beenden wollte. Der Besuch von Nixon in Beijing 1972 sorgte für eine weltweite Sensation und führte zur Neuordnung der weltpolitischen Fronten. Mao, dessen Gesundheit sich einige Monate zuvor in einem äußerst schlechten Zustand befunden hatte, konnte in persönlichen Gesprächen sowohl auf Nixon als auch auf dessen Außenminister Dr. Henry Kissinger einen überzeugenden Eindruck machen. Nixon erinnerte sich später, dass Mao zwar Probleme beim Sprechen hatte, aber sein Verstand beweglich wie ein Blitz gewesen sei.[140] Mao zeigte sich in den Gesprächen von seiner humorvollen Seite. Zusammen mit Nixon machte Mao sich über den Harvard-Professor Kissinger als «Doktor des Gehirns» lustig. Pointiert brachte der greise Mao seine strategischen Visionen auf den Punkt. Kissinger sagte später über ihn: «Ich habe niemanden getroffen, sieht man möglicherweise von Charles de Gaulle

Mao und Nixon: ein Bündnis zweier ehemaliger Erzfeinde, Beijing 1972

ab, der eine so destillierte Konzentration von roher Willensstärke darstellte.»[141] Mit den Ergebnissen des Besuchs konnte die chinesische Führung zufrieden sein. Die US-Regierung erkannte Beijing als die einzige legitime Regierung Chinas an. Für die Volksrepublik war dies ein wichtiger Schritt, um diplomatische Beziehungen zu anderen kapitalistischen Staaten wie Japan und Westdeutschland aufzunehmen. Nach Jahrzehnten der antiamerikanischen Rhetorik gegen den *Papiertiger US-Imperialismus* zeigte der greise Mao genug Flexibilität, um China aus der Isolation zu führen. Das neue Bündnis konnte als Anerkennung des neuen Chinas durch das stärkste kapitalistische Land und als geschickte Ausnutzung der Widersprüche zwischen den «Imperialisten» gefeiert werden. Das Ziel der Weltrevolution gab Mao jedoch nicht auf. Die Unterstützung Nordvietnams mit Hilfslieferungen und Waffen wurde nach dem Nixon-Besuch sogar noch intensiviert.[142]

Anfang der siebziger Jahre entwickelte die Parteiführung die sogenannte Drei-Welten-Theorie. Danach bildeten die Supermächte USA und Sowjetunion die Erste Welt. Die fortschrittlichste Kraft sei die Dritte Welt, die in ihrem Kampf gegen die Hegemonie der Ersten Welt Verbündete in der Zweiten Welt suchen müsse. Als Zweite Welt galten die Staaten Europas und Japan. Diese Theorie erleichterte es, mit allen Regierungen in der Dritten Welt zusammenzuarbeiten und die Beziehungen zu den sozialistischen Staaten in Osteuropa und zu den EWG-Staaten zu verbessern. In der Außenpolitik wurde damit eine radikale Klassenkampfpolitik aufgegeben.

Als Machtpolitiker bewies Mao Fingerspitzengefühl. Um seine Dominanz über Partei und Armee zu sichern, hütete er sich, sich in den Kämpfen zwischen der radikalen Linken und dem rechten Flügel langfristig auf eine Seite zu stellen. Auf dem 10. Parteitag der KPCh im August 1973 wurde eine Kompromisskoalition aus Vertretern der Linken und des gemäßigten Flügels um Zhou Enlai in die neue Führung gewählt. Neben altbekannten Gesichtern stieg der junge Wang Hongwen (1936–1992) aus Shanghai als der Shooting-Star in den ständigen Ausschuss des Politbüros, des mächtigsten Organs der Partei, auf. Außerdem wurde er nun stellvertretender Parteivorsitzender. Vor dem Ausbruch der Kulturrevolution hatte er noch den Werkschutz in einer Fabrik in Shanghai geleitet und sich dann im Frühjahr 1967 als einer der Führer des Hauptquartiers der Arbeiterrebellen hervorgetan.

In der Kampagne zur Kritik an Lin Biao und Konfuzius versuchte die Parteilinke 1974 noch einmal, die Oberhand zu gewinnen. Der Konfuzianismus wurde als «Sklavenhalterideologie» angegriffen und die Autorität von Lehrern, Betriebsleitern und Experten erneut in Frage gestellt. Paradoxerweise verhalf die Verbreitung von Tausenden Exemplaren der «Gespräche des Konfuzius», die eigentlich als Vorlage zur Kritik gedacht waren, den Ideen des Philosophen zur neuen Popularität im Untergrund. Indirekt war die Kampagne gegen Zhou Enlai gerichtet, der wie kein anderer den Parteiapparat repräsentierte und persönlich die Rehabilitierung der alten Kader betrieb. Die Linke nutzte die Schwächung der Volksbefreiungsarmee durch die Lin-Biao-Affäre, um die Arbeitermilizen weiter auszubauen.[143] Im Rahmen der Kampagne versuchte Yao Wenyuan, einer der Chef-Ideologen der kulturrevolutionären Linken, die andauernd beschworene Gefahr der Restauration des Kapitalismus theoretisch zu begründen. Die «Machthaber des kapitalistischen Weges» würden direkt aus dem Staatsapparat entspringen und könnten sich auf die noch existierende Warenproduktion und die privaten Elemente der kleinbäuerlichen Wirtschaft stützen.[144] Es gelang der Linken jedoch nicht, erneut revolutionären Enthusiasmus in der Gesellschaft zu entfachen.

Mao, dessen Gesundheit sich nach 1973 weiter verschlechterte, wurde mit den Linken unzufrieden. Zum ersten Mal soll er den Begriff «Viererbande» für die Gruppe um Jiang Qing, Yao Wenyuan, Zhang Chunqiao und Wang Hongwen gebraucht haben. Seine Gesundheit wurde immer mehr zum Politikum, da nur noch wenige Menschen direkten Zugang zu ihm hatten. Zeitweise liebäugelte Mao mit der Einsetzung von Wang Hongwen als seinem Nachfolger. Gleichzeitig delegierte Mao die Reorganisation der Wirtschaft an den wieder rehabilitierten Deng Xiaoping. Deng verbrachte zwar einige Jahre als gestürzter «Machthaber des kapitalistischen Weges» auf dem Land. Mao hatte aber dafür gesorgt, dass Deng nie aus der Partei ausgeschlossen wurde und so wieder in verantwortungsvolle Positionen in Partei-

und Armeeführung wie Vize-Premier und Mitglied im ständigen Ausschuss des Politbüros eingesetzt werden konnte. Deng zeigte Talent, indem er das chinesische Eisenbahnnetz zum reibungslosen Funktionieren brachte und der zivilen Wirtschaft den Vorrang gab. In radikalen Hochphasen protegierte Mao zwar radikale Linke. In Krisenzeiten wie 1973/74 setzte er aber auch gemäßigte Rechte in wichtige Positionen ein, um die Wirtschaft zu stabilisieren.

Nach dem Abzug der Armeevertreter aus den Fabriken hatten es die Betriebsleiter schwer, sich durchzusetzen.[145] 1974 kam es zu einer Streikwelle. Die Parteiführung ließ daraufhin alle noch bestehenden unabhängigen Arbeiterbasisgruppen auflösen.[146] Deng provozierte die Parteilinke, als er offen ökonomische Effizienz und Disziplin in den Vordergrund der wirtschaftlichen Reorganisation stellen wollte. Die Parteilinke vertrat hingegen unter der Parole «Die Politik hat das Kommando» das Primat des Klassenkampfs und forderte die politische Partizipation der Arbeiter an den Betriebsleitungen. Die widersprüchlichen Machtverhält-

Maos Wegbegleiter (v. l.): der «Machthaber des kapitalistischen Weges», Deng Xiaoping, 1975; Chinas Ministerpräsident seit 1949, Zhou Enlai, 1974; der Nachfolger Maos, Hua Guofeng, 1979

nisse kamen 1975 auch in der neuen Verfassung zum Ausdruck. Die Verfassung verankerte die kulturrevolutionären Schlagworte und das Streikrecht. Gleichzeitig wurden aber die Parzellen der Bauern zur privaten Nutzung als Teil der Wirtschaft anerkannt.

An Zhou Enlai als Premierminister, der als Vertreter der Mitte diese Koalition absicherte, hielt Mao trotz des eigenen Unmuts und der Kritik bis zu dessen Tod fest. Der Tod Zhous löste im Januar 1976 eine Wende aus. Zhou galt als der «saubere Beamte» und war einer der populärsten Politiker in China. Aus den spontanen Trauerfeiern von Tausenden Bürgern auf dem Platz des Himmlischen Friedens entstanden Demonstrationen, die sich offen gegen die Parteilinke richteten. Mao ließ sich überzeugen, dass es sich bei den Demonstrationen um einen «konterrevolutionären Zwischenfall» handeln würde. Deng Xiaoping habe die Fäden im Hintergrund gezogen. Da Mao diese Interpretation unterstützte, lösten Arbeitermilizen, ausgerüstet mit Bambusstöcken, die Demonstrationen auf. Der erneute Sturz von Deng leitete eine landesweite Kampagne «Gegen den Wind von rechts» ein. Bezüglich des Todes von Zhou Enlai gibt es bis heute viele Spekulationen und Legenden. Ein ehemaliger offizieller Biograph des Premiers behauptet in einem in den USA veröffentlichten Buch, dass Mao die Anweisung gegeben haben soll, Zhous Krebskrankheit nicht angemessen zu behandeln, damit Zhou vor ihm sterbe.[147] Mao verfügte allerdings über genügend Macht, um Zhou schon früher abzusetzen oder ihn der Linken zum Abschuss freizugeben.

Nach dem Tod von Zhou Enlai ließ Mao überraschenderweise nicht einen Vertreter der Linken, sondern Hua Guofeng (1921–2008) zum neuen Premierminister ernennen. Hua diente seit 1975 als Minister für Staatssicherheit. Der breiten chinesischen Öffentlichkeit war Hua kaum bekannt.

Mao erlitt im Mai 1976 einen Herzanfall und befand sich in einem äußerst kritischen Zustand. Seine Krankenschwester und sein Neffe sollen die Einzigen gewesen sein, die noch in der Lage waren, seine Worte zu verstehen und zu «übersetzen». Der todkranke und greise Mao war kein Virtuose der revolutionären Strategien mehr, bewies aber noch genug Altersschläue, um den Zusammenbruch des Apparats durch Fraktionskämpfe zu verhindern.

Nach traditionellem chinesischem Weltbild können Naturkatastrophen einen Dynastiewechsel ankündigen. Im Juli starben etwa 240 000 Menschen bei einem schweren Erdbeben in der Stadt Tangshan.[148] Als Mao am 9. September 1976 starb, nahmen die Vertreter aller Parteifraktionen noch gemeinsam an den Trauerfeiern teil. Mit Maos Ableben brach die mühsam erzwungene Balance zwischen den Parteiflügeln zusammen. Die «Viererbande» verlor ihren wichtigsten Unterstützer. Im Oktober putschte ein Bündnis aus der «Palastgarde» des Regierungsviertels Zhongnanhai, der Einheit 8341, alten Kadern und Teilen der Armee unter Führung von Hua Guofeng. Die «Viererbande» wurde einfach verhaftet. Maos ehemaliger Leibwächter Wang Dongxing sicherte den Coup mit den 20 000 Soldaten der Einheit 8341, die unter seinem Kommando standen, militärisch ab. Die alte Garde in der Partei hatte die ständigen Angriffe der Linken satt, und die Armee sah ihre Stellung durch den Aufbau der Arbeitermilizen bedroht. Obwohl die Linken mit den Arbeitermilizen über eine bewaffnete Macht von rund drei Millionen Menschen verfügten, ergaben sie sich kampflos. Die chinesische Gesellschaft war von der zehn Jahre andauernden Kulturrevolution so ausgelaugt und erschöpft, dass niemand mehr bereit war, wegen parteiinterner Machtkämpfe einen Bürgerkrieg vom Zaun zu brechen. Mao hatte den revolutionären Enthusiasmus seiner wechselnden sozialen Basis (Bauern, städtische Jugend und Arbeiter) aufgebraucht. Die Milizen wurden nach dem Sturz der «Viererbande» erst entwaffnet und dann unter das Kommando der Volksbefreiungsarmee gestellt. Hua Guofeng wurde in der Folge auch offiziell als Maos Nachfolger bestätigt und als neuer Staats- und Parteichef eingesetzt. Obwohl Hua verkündete, keinen Zentimeter von Maos Ideen abweichen zu wollen, wurde die Herrschaft der Kommunistischen Partei, wie sie vor 1966 bestanden hatte, wiederhergestellt und die Kulturrevolution für beendet erklärt. Maos letzte Revolution sollte seinen eigenen Tod nicht überleben. Das Hauptziel der Kulturrevolution, im Kampf revolutionäre Nachfolger der kommunistischen Sache in Partei und Gesellschaft neu herauszubilden, war damit gescheitert. Die selbstproduzierte Unersetzlichkeit wurde Mao postum zum Verhängnis, denn er hatte zu Lebzeiten keinen Nachfolger gefunden, dem er zugetraut hätte, seine Politik fortsetzen zu können und dafür in Partei und Gesellschaft über genügend Unterstützung zu verfügen.

Die Geister Maos: Bilanz und Folgen

Maos Lebenswerk

Immer war ich der Ansicht, dass sich der Affe zum Großkönig ernennt, wenn es in den Bergen keinen Tiger gibt. Ein solcher Großkönig bin ich geworden. Doch dazwischen besteht wiederum kein Kompromiß, ich habe etwas vom Tiger an mir, und das ist dominierend. Dazu habe ich etwas vom Affen an mir, und das ist sekundär.[149] In diesem Brief an seine Frau Jiang Qing verglich sich Mao mit Tiger und Affen. Während der Tiger als strenger Herrscher gilt, symbolisiert der Affe in der chinesischen Kultur den rebellischen Geist gegen die Autorität. Er habe zwei große Dinge getan, Chiang Kai-shek geschlagen und die Kulturrevolution ausgelöst, bewertete Mao selbst sein Lebenswerk. Dabei war er sich im Klaren, dass viele führende Parteikader für die Kulturrevolution kein Verständnis hatten. Die Mobilisierung der Massen gegen den Parteiapparat hatte 1967/68 sein Lebenswerk in Gefahr gebracht. Allerdings war Mao der Ansicht, dass die Erstarrung der Revolution in bürokratisierter Routine noch gefährlicher sei, da China dann die Farbe wechseln und eine neue Ausbeuterklasse aus dem Apparat die Macht übernehmen könnte. Von daher glaubte Mao im Juni 1966, dass China in regelmäßigen Abständen wiederholter Kulturrevolutionen bedürfe, um die Rechte erneut *wegzufegen*.[150] Der Akt der «schöpferischen Zerstörung» sollte den revolutionären Eifer der Massen wieder zum Leben erwecken. Dass Mao schließlich die Armee einsetzte, um die Rebellion zu beenden, bestätigt, dass der Tiger in ihm gegenüber dem Affen dominierte.

Bei einer Bewertung Maos stellt sich zwangsläufig die Frage nach den Kriterien. Legt man die Menschenrechtsstandards des 21. Jahrhunderts an, so würden nicht mehr viele positive Ereignisse in der Weltgeschichte übrig bleiben. Die Französische Revolution wäre nur ein grausames Blutbad und die Gründer der Vereinigten Staaten von Amerika Sklavenhalter und Indianermörder. Allerdings können die Millionen Opfer und Tragödien der chinesischen Revolution auch nicht einfach mit dem Verweis relativiert werden, dass Mao und auch seine Gegner Produkte jener Zeit des Krieges waren, in der Menschenleben nicht viel zählten. Fairer wäre es daher, auch Maos eigene Ansprüche und Ziele in die Bewertung mit einzubeziehen.

Mao formulierte schon Mitte der 1930er Jahre als Ziele die zwei Etappen der Revolution: die neudemokratische und die sozialistische. Die neudemokratische Etappe, in der das «halbkoloniale und halbfeudale» China von ausländischen Besatzern und Großgrundbesitzern befreit werden sollte, wurde bis 1953 erfolgreich verwirklicht. Wie auch in Vietnam errangen die chinesischen Kommunisten beim «Nation-Building» große Erfolge. Zum ersten Mal in der modernen Geschichte Chinas wurden die Bauernmassen in die Nation einbezogen und eine schlagkräftige Armee aufgebaut. Die Unabhängigkeit des Landes konnte in allen Kriegen und Grenzkonflikten erfolgreich verteidigt werden. Wie Napoleon, so gaben die chinesischen Kommunisten den Bauern Land, und Bauernsöhne wurden im Gegenzug Soldaten. Mit der Bodenreform und der Zerschlagung der traditionellen Eliten konnte auch zum ersten Mal in der chinesischen Geschichte der Staat unterhalb der Kreisebene in den Dörfern verankert werden. Er war nun in der Lage, die bäuerliche Mehrproduktion für die Industrialisierung des Landes einzusetzen.

In der Frühphase der Volksrepublik schuf Mao auf der Grundlage einer gemischten Wirtschaft ein breites Bündnis bis in die Mittelschichten hinein. Mit der Wirtschaftsreform nach 1978 konnte Deng Xiaoping wieder an diese Ideen der «Neuen Demokratie» anknüpfen. Auf Grundlage einer egalitären Agrarordnung und einer gemischten Wirtschaftsform wurde nach 1978 allerdings der Kapitalismus eingeführt und China in den Weltmarkt integriert. Damit kam auch die Ambivalenz der chinesischen Revolution zum Ausdruck, die von Beginn an vorhanden war. In Russland und China war das Bürgertum zu schwach, seiner historischen Rolle gerecht zu werden. Die Kommunisten übernahmen, gestützt auf eine Bauernrevolution, die Aufgabe, ihre Länder in die Moderne zu führen.[151] Mao und seine Bewegung erfüllten erfolgreich die Aufgaben, für die Marx eigentlich das Bürgertum vorgesehen hatte. Das ist zugleich aber auch die Tragik der kommunistischen Weltbewegung im 20. Jahrhundert.

Maos zweites Ziel, die sozialistische Revolution, müssen wir heute hingegen als gescheitert ansehen. Zwar gelang es, bis 1956 eine sozialistische Planwirtschaft einzuführen. Auf den Gebieten der Gesundheitsversorgung, Frauenemanzipation, Bildung sowie Industrialisierung konnte die KPCh bis 1976 erhebliche Erfolge vorweisen. Es gelang aber nicht, eine emanzipierte Gesellschaft ohne Ausbeutung und hierarchische Arbeitsteilung zu schaffen. In den radikalen Phasen wie dem «Großen Sprung» und der Kulturrevolution sprach Mao immer wieder von der Aufhebung der Unterschiede zwischen Stadt und Land, Arbeitern und Bauern sowie geistiger und körperlicher Arbeit. Das Entwicklungsmodell, die Bauern für die Industrialisierung auszubeuten und durch ein Haushaltsregistersystem an die Scholle zu fesseln, stabilisierte jedoch traditionelle Strukturen in den Dörfern und

Legitimation der Marktwirtschaft:
Mao auf den heutigen chinesischen Geldscheinen

verhinderte die Urbanisierung. Am Ende der Kulturrevolution gab es keine gesellschaftlich relevanten Kräfte, die in der Lage gewesen wären, die Revolution im Sinne Maos fortzuführen. Die Bauern kämpften seit der Hungerperiode nur ums Überleben. Aus der Not heraus lernten sie, geschickt die Nischen im System der Volkskommune zu nutzen, um durch kollektive Unterschlagung, «schwarze» Speicher und Märkte ihre eigenen Interessen zu wahren. Viele radikale Jugendliche hatten ihren Glauben an die Sache während ihrer Landverschickung verloren. Mao konnte letztendlich weder in der Bevölkerung noch innerhalb der Partei Erben der Revolution finden. Außerdem konnte die Kulturrevolution keine Institutionen hervorbringen, die in der Lage gewesen wären, die Herrschaft des Parteiapparats zu ersetzen. Die Idee der Kommune und der Revolutionskomitees ließ Mao wieder fallen.

Mit ihrem Versprechen, Stabilität und Wohlstand zu schaffen, trafen die Reformer nach Maos Tod auf eine breite Basis in der Bevölkerung. Der Übergang vom Sozialismus zu einem marktwirtschaftlichen System vollzog sich relativ reibungslos. Widerstand formierte sich Anfang der 1980er Jahre allerdings in Industriebetrieben. Staatsarbeiter versuchten, durch Streiks ihre Jobsicherheit zu verteidigen und sich der Allmacht der Manager zu widersetzen. Einerseits scheint durch die Einführung der Marktwirtschaft die Kritik der kulturrevolutionären Linken an Deng Xiaoping als «Machthaber des kapitalistischen Weges» hellsichtig und im Nachhinein gerechtfertigt zu sein. Andererseits ließ die Erhöhung des Lebensstandards der breiten Masse der Landbevölkerung in den achtziger Jahren die Opfer des entbehrungsreichen maoistischen Entwicklungsweges als sinnlos erscheinen.

Mao konnte seine eigene Macht und den Erfolg der chinesischen Revolution nicht getrennt voneinander betrachten. Kritik an seiner Person sah er als Angriff auf den Sozialismus. In den zwanziger und dreißiger Jahren wurde er für seine Strategie *vom Land aus die Städte einkreisen* als bäuerlicher Partisan verlacht. Auch in den frühen fünfziger Jahren glaubten ihm führende Parteifunktionäre nicht, dass es möglich wäre, die sozialistische Umwälzung in wenigen Jahren durchzuführen. Die Erfolge sollten Mao zunächst recht geben. Mao könne weiter sehen und denken als alle anderen, glaubte nicht nur er selbst, sondern auch viele seiner Kollegen und Bürger. So wurde Mao spätestens mit dem «Großen Sprung» Opfer seiner eigenen Erfolge. Anstatt auf seine Gabe zu vertrauen, die konkrete Durchführung seiner großen Strategien an andere zu delegieren, nahm er während der Hochphase des «Großen Sprungs» das politische Tagesgeschäft und auch die Planung in der Ökonomie selbst in die Hand. Nur murrend gestand er Anfang 1959 ein, sich mit den Planvorgaben bei der Stahlkampagne gewaltig geirrt zu haben. Er verzichtete auf die Übernahme des ökonomischen Tagesgeschäfts und erklärte, von Wirtschaft habe er keine Ahnung.[152] Mao zog jedoch 1962 aus der ökonomischen und humanitären Katastrophe der Hungersnot seine Lehren. Auf dem Land forcierte er keine radikale Umwälzung der Produktionsverhältnisse in großem Stil. Versuche, die privaten Parzellen der Bauern abzuschaffen, blieben auf Modell-Kommunen beschränkt. So blieb die Versorgungslage der Bevölkerung selbst während der Kulturrevolution stabil.

Trotz oder gerade wegen des Scheiterns des sozialistischen Teils von Maos Revolution wurden in seiner Ära einige Grundlagen für den Erfolg des chinesischen Modells nach 1978 gelegt. Durch den Bruch mit der Sowjetunion hatte Mao China schon frühzeitig aus dem sozialistischen Lager gelöst und 1972 die Annäherung an die USA vollzogen. Dieser schmerzhafte Prozess kam der Volksrepublik 1990/91 neben der Einleitung der Reformpolitik durch Deng Xiaoping zugute, da sie den Zusammenbruch des Staatssozialismus in Osteuropa überlebte. Durch die Erfahrungen mit lokalen revolutionären Stützpunktgebieten im Bürgerkrieg war das chinesische Modell schon immer dezentraler organisiert als der sowjetische Staat. Die Wirtschaftsreformer knüpfen bis heute daran an, indem neue politische Maßnahmen erst in lokalen Modellversuchen ausprobiert werden, bevor sie auf nationaler Ebene implementiert werden.[153] Auch das Haushaltsverantwortlichkeitssystem und die ländliche Gemeindeindustrie, Grundlage des Aufschwungs in den achtziger Jahren, wurden schon in der Mao-Ära entwickelt. 1957 und 1962 hatten lokale Kader während der Versorgungskrisen die Kollektive aufgelöst und die Verantwortung für die Erfüllung der Quoten den Bauernfamilien direkt übertragen. Auch wenn Mao in beiden Fällen diese Reformen wieder stoppte, so war doch ein System erfunden worden, auf das die Reformer nach 1978 zurückgreifen konnten. Die ländliche

Gemeindeindustrie wurde schon Mitte der siebziger Jahre von den Brigaden der Volkskommunen in den entwickelten Regionen gefördert. Am Ende der Mao-Ära arbeiteten über 28 Millionen Bauern in Industriebetrieben auf dem Land.[154] Die Parteiführung der Reformer setzte seit den 1980er Jahren auf die Entwicklung der kollektiven Gemeindeindustrie in großem Stil. So konnten viele Bauern nach der Auflösung der Volkskommunen wieder Arbeit finden. Die Strategie der ländlichen Industrialisierung forcierten die Reformer nun unter anderen Vorzeichen.

Maos Nachleben im heutigen China

Noch heute wird der Leichnam Maos in einem Mausoleum auf dem Platz des Himmlischen Friedens in Beijing ausgestellt. Die Parteiführung entschied sich nach 1976 gegen eine Entmaoisierung. Bis heute wird Mao noch als Identifikationsfigur und Quelle der Legitimation der Herrschaft der KPCh gebraucht, auch wenn die Partei sich von seinen Zielen verabschiedet hat. Für die Verbrechen der Kulturrevolution wie Hinrichtungen und Repressionen wurde politisch und rechtlich vor allem die sogenannte «Viererbande» verantwortlich gemacht. Die Führer der Parteilinken wurden 1981 in einem Schauprozess zu langen Gefängnisstrafen verurteilt. «Konterrevolutionäre Verschwörung» gegen die Partei, lautete das Urteil. In der Urteilsbegründung wurde die «Viererbande» auch für die Verfolgung von 700 000 Menschen und die Hinrichtung von 34 000 Unschuldigen während der Kulturrevolution verantwortlich gemacht.[155] Die wirklichen Opferzahlen sind bis heute schwer zu schätzen.

Die Partei ließ fast alle 550 000 Opfer der Anti-Rechts-Kampagne rehabilitieren, gab den Intellektuellen neue Stellen und zahlte zurückgehaltene Gehälter aus. Auch die Ehre

Nach dem Sturz: Maos Frau Jiang Qing während ihrer Aussage als Angeklagte im Prozess gegen die sogenannte «Viererbande», Januar 1981

der prominenten Opfer der Kulturrevolution wie Liu Shaoqi oder Peng Dehuai wurde wiederhergestellt. Die Grundlage der offiziellen Bewertung Maos ist bis heute die «Resolution über einige Fragen in unser Parteigeschichte seit der Gründung der Volksrepublik» von 1981. Hierin wird Mao als großer Marxist-Leninist und Revolutionär bewertet, der in guter Absicht «linke» Fehler wie den «Großen Sprung nach vorn» und die Kulturrevolution begangen habe. Deng Xiaoping definierte außerdem die Mao-Zedong-

70 zu 30: Offiziell gültige Bewertung von Mao im heutigen China

«Der Genosse Mao Zedong war ein großer Marxist und ein großer proletarischer Revolutionär, Stratege und Theoretiker. Es ist wahr, dass er schwere Fehler während der ‹Kulturrevolution› beging, aber wenn wir seine Aktivitäten als Ganzes beurteilen, überwiegt sein Beitrag zur chinesischen Revolution seine Fehler. Seine Verdienste sind primär und seine Fehler sekundär.»

Resolution der KPCh: «Über einige Fragen in unserer Parteigeschichte seit der Gründung der VR China», 1981 (Übersetzung F. W.)

Ideen als Gemeingut der Partei. Demnach habe die Partei das Recht, die konkreten Inhalte der Ideen immer wieder neu zu definieren. Zentrale Elemente der Mao-Zedong-Ideen sind aber in den heutigen offiziellen Lehrbüchern nicht mehr enthalten. Die Partei verabschiedete sich schon in den frühen achtziger Jahren von der Theorie der permanenten Revolution, dem Klassenkampf, den Massenkampagnen als Form der Politik sowie der Idee, dass die Massen die Triebkräfte der Geschichte seien.

In der neuen Verfassung von 1982 wurde das Streikrecht gestrichen. Schritt für Schritt stellte die neue Führung die Macht der Manager in den Betrieben wieder her. Indem sich die KPCh von der Klassenkampftheorie verabschiedete, konnte die Partei wieder für Intellektuelle und schließlich für Unternehmer geöffnet werden. Verweise auf Mao dienen der Parteiführung heute häufig nur noch zur moralischen Ermahnung korrupter Kader.

Die Erinnerungen an Mao sind in der chinesischen Bevölkerung sehr ambivalent. Bei den Studenten der Demokratiebewegung von 1989 stand Mao immerhin noch so hoch im Kurs, dass sie einen Arbeiter, der Dreck auf das Mao-Porträt am Eingang der Verbotenen Stadt warf, der Polizei übergaben. In den neunziger Jahren brach in China ein Mao-Fieber aus, indem Mao-Kitsch und Mao-Pop zur Massenware wurden. Seitdem kann eine «Mao-Industrie» mit der Produktion von Ansteckern, T-Shirts, Aschenbechern oder Uhren große Gewinne erzielen. Von einem Feuerzeug, das «Rot ist der Osten» singt, bis zu einem Wecker mit Maos Arm als Zeiger, der das Rote Buch schwenkt, ist alles zu haben. Allerdings ist Mao als Glücksbringer im Fenster eines Taxifahrers häufig von der realen historischen Person gelöst. So mancher Fahrer glaubt, dass er mit dem Bild des Vorsitzenden vor Unfällen geschützt sei. Auch wenn Millio-

Spaßfaktor Mao: Jugendliche auf einem Rockkonzert schmücken ihre Tasche mit Mao-Ansteckern, 2006

nen Chinesen als «rote Touristen» heute erneut zu Stätten der Revolution wie Yan'an, Shaoshan oder Jinggangshan reisen, so spielt der Spaßfaktor sicher eine größere Rolle als der Wunsch nach der Wiederkehr der alten Zeiten. Neue Formen quasi religiöser Verehrung, Desinteresse und Verballhornung Maos existieren nebeneinander. In einem Dorf in der Provinz Henan wurde ein Bauer berühmt, weil er angeblich den Geist Maos verspüren konnte. Auf einem alten Poster, das völlig verblichen war, nahmen Maos Gesichtszüge plötzlich wieder Kontur an. Der Raum mit dem Poster wurde zur Pilgerstätte, und über 15 000 Besucher trugen sich in das Gästebuch des Bauern ein.[156] Viele ältere Bauern aus Provinzen wie Henan, die noch die Hungersnot miterlebten, haben dagegen heute kein gutes Wort für Mao übrig.[157] Sie verloren den Glauben an die chinesische Revolution, als die Hungertoten auf der Straße lagen. Auch wenn sie mit ihrer heutigen Lage unzufrieden sind, so wünschen sie sich nicht wieder die Volkskommunen herbei.

Vielen jungen, urbanen Chinesen, die in den letzten Jahren den Nationalismus entdeckt haben, gilt Mao als Staatsgründer und Symbol der Stärke Chinas. Über die konkreten Kampagnen der Mao-Ära wissen sie in der Regel nur wenig. Im Internet melden sich auch alte und neue Linke und nationalistische Studenten zu Wort, die Mao benutzen, um die gegenwärtige Regierung für ihren «kapitalistischen Kurs» oder den «Ausverkauf Chinas» zu kritisieren.[158] Auch ehemalige Mitglieder der Rotgardisten und Rebellen versuchen, im Internet ihre Version der Kulturrevolution zu verbreiten. Mao wird entweder verteidigt oder gilt als Verräter der Jugend, da er sich 1967 gegen die Roten Garden gewandt hatte. Oft spiegeln sich in den Diskussionen von heute die Fraktionierungen während der Kulturrevolution wider.[159] In einem gewissen Rahmen lässt die Internetpolizei der Staatssicherheit diese Debatten zu. Auch wenn sich die Bücher der offiziellen Parteihistoriker noch an Maos Bewertung der Parteiresolution von 1981 halten müssen, so haben die Leser heute Zugang zu mehr kritischen Informationen. Die Mao-Biographie des US-Journalisten Ross Terrill wurde ins

Warteschlange vor dem Mao-Mausoleum auf dem Platz des Himmlischen Friedens in Beijing, 2002

Chinesische übersetzt und ist ein landesweiter Bestseller.[160] Die Mythen um Mao bleiben allerdings davon weitgehend unbehelligt. Selbst die Enthüllungen von Leibarzt Li Zhisui über Maos sexuelle Ausschweifungen haben sich in China herumgesprochen. Einigen Verehrern Maos gelten diese Enthüllungen allerdings als weiterer Beweis für die übernatürlichen Kräfte und die Potenz des Vorsitzenden.

Die einzige Bevölkerungsgruppe, in der es eine gewisse Nostalgie für die alten Zeiten unter Mao gibt, sind die Kernbelegschaften der Staatsarbeiter, die seit Ende der 1990er Jahre von Massenentlassungen betroffen sind.[161] Sie gehörten mit ihren Ansprüchen auf Rente, Lebensmittelrationen, sichere Arbeitsplätze, billige Mieten und kostenlose Gesundheitsversorgung lange zu den privilegierten Teilen der Bevölkerung. Außerdem wurden Arbeiter aufgrund ihres hohen politischen Status nur selten Opfer in den Kampagnen. Bei Streiks und Protesten tauchen daher heute manchmal Mao-

Bilder auf, oder die Arbeiter erinnern die Partei in der Klassenkampfrhetorik der Kulturrevolution daran, ihr Interesse zu wahren. So mancher Chinese, der sich über die wuchernde Korruption ärgert, wünscht sich die Massenkampagnen herbei, um die reich gewordenen Kader in Angst und Schrecken zu versetzen. Auch Rufe nach einer starken Hand gegen Korruption und Kriminalität werden wieder laut.

Die ambivalente Haltung Mao gegenüber drückt sich auch in der heutigen Erinnerungslandschaft aus. Zum einen dient der Große Vorsitzende als Quelle der Legitimation der Herrschaft der KPCh. Auf den Rebellen Mao beziehen sich zum anderen diejenigen, die mit dieser Herrschaft unzufrieden sind, denn: *Rebellion ist gerechtfertigt!* Mögen die Chinesen auch noch so zukunftsorientiert sein, die Geister Maos werden sie nicht los. Selbst die postmodernen Künstler, die gerade in den führenden Museen auf der ganzen Welt ausgestellt werden, arbeiten sich in ihren Werken an Mao ab. In den Weltmarktfabriken entsteht gerade ein neues Proletariat aus Millionen Bauernsöhnen und -töchtern, die nach dem Tod Maos geboren wurden. Von ihnen hängt es ab, ob sie die radikalen Traditionen des Rebellen Mao wiederentdecken oder neue Formen des Protests finden werden. Es wird jedenfalls noch lange dauern, bis die Chinesen Mao wirklich begraben können.

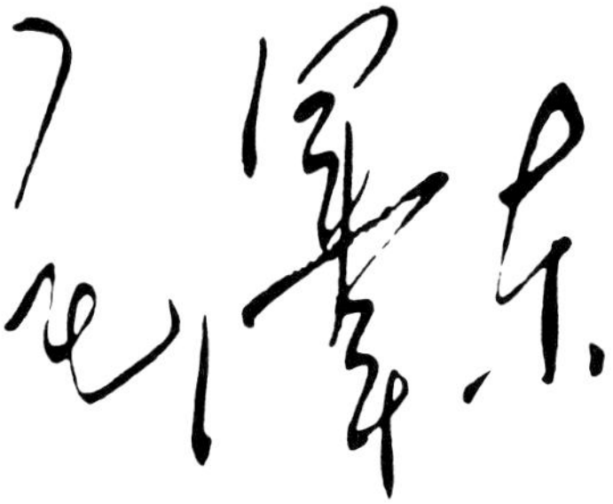

Anmerkungen

1 Jin Chongji: Mao Zedong zhuan 1893 – 1949 [Die Biographie Maos 1893 – 1949]. Beijing 1996
2 Jin Chongji: Mao Zedong zhuan 1949 – 1976 [Die Biographie Maos 1949 – 1976]. Beijing 2003
3 Snow, Edgar: Red Star over China. London, New York 1937
4 Li Zhisui: The private life of Chairman Mao. New York 1994
5 Jolly, Margaretta: The exile and the ghostwriter: East-West biographical politics and the private life of chairman Mao. In: Biography 23.3 (2000), S. 493
6 Chen Guanren: Mao Zedong gexinghua de jiankang zhi dao [Der Weg zur Gesundheit nach dem Charakter Mao Zedongs]. Beijing 2003
7 Kong Xiangtao: Mao Zedong jia feng [Die Sitten in Maos Familie]. Beijing 2006, S. 264
8 Chang, Jung / Halliday, Jon: Mao: The unknown story. New York 2006
9 Siehe Benton, Gregor / Tsang, Steve: The portrayal of opportunism, betrayal and manipulation in Mao's rise to power. In: The China Journal 55 (2006): «Mao: The unknown story – An assessment», S. 95 – 109
10 Cheek, Timothy: The new number one counter-revolutionary inside the party: Academic biography as mass criticism. In: The China Journal 55 (2006), S. 110
11 Zum Beispiel: Zhonggong zhongyang wenxian yanjiushi (Hg.): Jianguo yilai Mao Zedong wengao [Manuskripte und Entwürfe von Mao Zedong seit der Staatsgründung]. Beijing 1987 – 1996
12 Snow, Edgar: Red Star over China. New York 1968, S. 131
13 Ebd., S. 132
14 Liu Tong: Zaonian Mao Zedong [Die frühen Jahre Mao Zedongs]. Nanjing 2005, S. 52 ff.
15 Chang / Halliday, 2006, S. 9
16 Meisner, Maurice J.: Mao – A political and intellectual portrait. Cambrigde 2007, S. 3
17 Eine beeindruckende Übersicht über die Bücher, die Mao las, findet sich in Li Rui: Mao Zedong shaonian dushu shenghou [Das Bücher-Leben des Teenagers Mao Zedong]. Shenyang 2005
18 Snow, 1968, S. 144
19 Siao-yu: Mao Tse-Tung and I were beggars. New York 1959
20 Schram, Stuart: Mao's road to power: revolutionary writings 1912 – 1949, Band I: The pre-Marxist period, 1912 – 1920. Armonk, N. Y., 1992, S. 6
21 Siehe ebd., S. 175 – 313
22 Ebd., S. 454
23 Ebd., S. 381 – 384
24 Quotations from Chairman Mao Tse-tung. In: http://art-bin.com/art/omao11.html (Aufruf am 6. 4. 2009)
25 Siehe Platt, Stephen R.: Provincial patriots: The Hunanese and modern China. Cambridge, Mass., 2007, S. 194 – 207
26 Schram, Band I, 1992, S. 421 – 449
27 Ven, Hans J. van de: From friend to comrade: The founding of the Chinese Communist Party, 1920 – 1927. Berkeley, Calif., 1991, S. 244
28 McDonald, Angus: The urban origins of rural revolution: Elites and the masses in Hunan province, China, 1911 – 1927. Berkeley, Calif., 1978, S. 166
29 Perry, Elizabeth J.: Reclaiming the Chinese Revolution. In: The Journal of Asian Studies 4 (2008), S. 1151
30 Ebd., 2008, S. 1153
31 Leutner, Mechthild (Hg.): KPdSU(B), Komintern und die national-revolutionäre Bewegung in China: Dokumente. Münster 1996, Band I, S. 390

32 Schram, Stuart: Mao's Road to Power, Band II: National revolution and social revolution, December 1920 – June 1927. Armonk, N. Y., 1994, S. LIV
33 Perry, 2008, S. 1157
34 Mao Tse-tung: Untersuchungsbericht über die Bauernbewegung in Hunan. In: Ausgewählte Werke, Band I. Beijing 1968, S. 21 f.
35 Ven, Hans J. van de: War and nationalism in China: 1925 – 1945. London 2003, S. 113
36 Stalin, Iosif V.: Stalin's letters to Molotov: 1925 – 1936. New Haven, Conn., 1995, S. 214
37 Mao Tse-tung: Ausgewählte Werke, Band II. Beijing 1968, S. 261
38 Spence, Jonathan D.: The search for modern China. New York 1990, S. 371
39 Averill, Stephen: Revolution in the Highlands – China's Jinggangshan base era. Lanham 2006, S. 259
40 Schram, Stuart: Mao's Road to Power, Band III: From the Jinggangshan to the Establishment of the Jiangxi Soviets, July 1927 – December 1930. Armonk, N. Y., 1995, S. XXVI
41 Mao Tse-Tung: Ausgewählte Werke, Band II. Beijing 1968, S. 367
42 Siehe Schram, 1995, S. LI
43 Dutton, Michael R.: Policing Chinese politics: A history. Durham 2005, S. 47
44 Siehe Mao Zedong: Report from Xunwu. Stanford, Calif., 1990
45 Schram, Band III, 1995, S. LXI
46 Jin Chongji, 1996, S. 318
47 Siehe Schram, Stuart: Mao's Road to Power, Band IV: The Rise and Fall of the Chinese Soviet Republic, 1931 – 1934. Armonk, N. Y., 1997, S. 469 – 478
48 Siehe z. B. ebd., S. 173
49 Chen Tiejian: AB tuan sufan zhi «fali» yiju yu wenhua genyuan [Die kulturellen Wurzeln und «juristischen» Grundlagen der Vernichtung der AB-Clique und der Konterrevolution]. In: Jindaishi yanjiu 2 (2008), S. 115
50 Shao Zhaojin: Suqu «Guojia zhengzhi baowei ju» yu sufan kuangdahua wenti bianzheng [Die Dialektik des Problems der Ausweitung der Kampagne zur Vernichtung der Konterrevolution und das Amtes für Staatsschutz in den Sowjetgebieten]. In: Zhongwai fashi yanjiu 4 (2008), S. 121
51 Chang / Halliday, 2005, S. 137
52 Ye Zilong: Huiyi lu [Memoiren]. Beijing 2000, S. 11 f.
53 Kampen, Thomas: Mao Zedong, Zhou Enlai and the evolution of the Chinese communist leadership. Kopenhagen 2000, S. 118 f.
54 Ebd., S. 82
55 Dallin, Alexander / Firsov, F. I. (Hg.): Dimitrov and Stalin, 1934 – 1943; letters from the Soviet archives. London 2000, S. 107
56 Chen Yung-Fa: Suspect History and the Mass Line: Another ‹Yan'an Way›. In: Wasserstrom, Jeffrey (Hg.): Twentieth century China: New approaches. London 2003, S. 184
57 Siehe Ding Raoping: Jiemi Mao Zedong zizhuan [Das Rätsel der Autobiographie Mao Zedongs]. Beijing 2008
58 Siehe Banač, Ivo (Hg.): The diary of Georgi Dimitrov: 1933 – 1949. New Haven, Conn., 2003, S. 42
59 Hsiung, James C.: China's bitter victory: The war with Japan 1937 – 1945. New York 1992, S. 83
60 Mao Tse-tung, Band II, 1968, S. 223
61 Dallin / Firsov, 2000, S. 126 – 140
62 Osterhammel, Jürgen: Shanghai, 30. Mai 1925 – Die chinesische Revolution. München 1997, S. 214
63 Eastman, Lloyd E.: Seeds of destruction: Nationalist China in war and revolution, 1937 – 1949. Stanford, Calif., 1984, S. 68

64 Ji Chaozhu: The man on Mao's right. New York 2008, S. 218
65 Mao Tse-tung, Band I, 1968, S. 389
66 Mao Tse-tung, Band II, 1968, S. 368
67 Mao Tse-tung: Ausgewählte Werke, Band III. Beijing 1969, S. 80
68 Dabringhaus, Sabine: Mao Zedong. München 2008, S. 61
69 Chen Yung-Fa, 2003, S. 183
70 Banač (Hg.), 2003, S. 258 f. und S. 289 f.
71 Eastman, 1984, S. 71
72 Lih, Lars T. / Naumov, Oleg V. / Khlevniuk, Oleg: Stalin's Letters to Molotov 1925–1936. New Haven, Conn., 1995, S. 82
73 Terrill, Ross: Mao: A biography. Stanford, Calif., 1999, S. 212
74 Jin Chongji, 1996, S. 813
75 Luo, Pinghan: Tudi gaige yundong shi [Die Geschichte der Bodenreform-Kampagne]. Fuzhou 2005, S. 184
76 Mao Tse-tung: Ausgewählte Werke, Band IV. Beijing 1969, S. 210
77 Levine, Steven I.: Anvil of victory: The communist revolution in Manchuria, 1945–1948. New York 1987, S. 180 f.
78 Eastman, 1984, S. 172
79 Mao Tse-Tung, Band III, 1969, S. 322
80 Mao Tse-tung, Band IV, 1969, S. 442
81 Jianguoyilai zhongyao wenjian xuanbian [Eine Auswahl wichtiger Dokumente seit der Staatsgründung]. Band I. Beijing 1992, S. 8
82 Osterhammel, 1997, S. 232
83 Goldstein, Melvyn C.: A history of modern Tibet 1951–1955, Band II: The calm before the storm. Berkeley, Calif., 2007, S. 179 ff.
84 Heinzig, Dieter: Die Sowjetunion und das kommunistische China 1945–1950: Der beschwerliche Weg zum Bündnis. Baden-Baden 1998, S. 470
85 Ebd., S. 635
86 Chang / Halliday, 2006, S. 372
87 Kong Xiangtao, 2006, S. 229
88 Shi Quanwei: Mao Zedong yu jian ku fendou [Mao Zedongs Kampf mit Schwierigkeiten]. Wuhan 2004, S. 299
89 Li Zhisui, 1994, S. 357 ff.
90 Gao Mobo: The battle for China's past. London 2008, S. 103
91 Ma Yuping (Hg.): Zhongguo zuotian yu jintian: 1840–1987 guoqing shouce [China gestern und heute: Handbuch zum nationalen Charakter 1840–1987]. Beijing 1989, S. 737
92 Mao Tsetung: Ausgewählte Werke, Band V. Beijing 1977, S. 121–130
93 Martin, Helmut (Hg.): Mao Zedong – Texte. Band I. München 1977, S. 293
94 Wemheuer, Felix (Hg.): Maoismus – Ideengeschichte und revolutionärer Geist. Wien 2008, S. 83
95 Bo Yibo: Ruogan zhongda juece yu shijian de huigu [Ein Rückblick auf einige wichtige Entscheidungen und Ereignisse]. Band 2. Beijing 1993, S. 618
96 Gao Minhua: Nongye hezuohua yundong shimo [Anfang und Ende der Agrargenossenschafts-Bewegung]. Beijing 1999, S. 358
97 Zhu Di: 1957 da zhuan wan zhi mi: Zhengfeng yundong shilu [Das Rätsel der großen Wende von 1957: Tatsachenbericht über die Ausrichtungsbewegung]. Taiyuan 1995, S. 238
98 Martin, Helmut: Mao intern. München 1977, S. 65
99 Martin, Helmut (Hg.): Mao Zedong – Texte. Band III. München 1982, S. 207
100 Li Zhisui, 1994, S. 270
101 Interview mit Parteihistorikern, Zhengzhou, 5. August 2005
102 Siehe Martin, Helmut (Hg.): Mao Zedong – Texte. Band IV. München 1982, S. 6–58
103 Ebd., S. 26–36

104 Siehe Gao Wangling: Renmin gongshe shidai Zhongguo nongmin fan xingwei diaocha [Untersuchung zum alltäglichen Widerstand der chinesischen Bauern im Zeitalter der Volkskommune]. Beijing 2006
105 Lieberthal, Kenneth: The Great Leap Forward and the Split in the Yan'an Leadership 1958–1965. In: MacFarquhar, Roderick (Hg.): The Politics of China 1949–1989. Cambridge 1993, S. 145 f.
106 Li Rui: Lushan huiyi shilu [Tatsachenbericht der Lushan-Konferenz]. Beijing 1989, S. 369 f.
107 Chang / Halliday, 2006, S. 444
108 Ma Shexiang: Hongse diyi jiazu [Der erste rote Clan]. Wuhan 2004, S. 127
109 Siehe Wemheuer, Felix: Chinas «Großer Sprung nach vorne» (1958–1961): Von der kommunistischen Offensive in die Hungersnot – Intellektuelle erinnern sich. Münster 2004, S. 26–28
110 Li Zhisui, 1994, S. 339
111 Shi Quanwei, 2004, S. 262
112 Bernstein, Thomas: Mao Zedong and the Famine of 1959–1960: A Study in Wilfulness. In: The China Quarterly 186 (2006), S. 421–445
113 Gao Hua: Da jihuang yu siqing yundong de qiyuan [Die Große Hungersnot und die Ursprünge der Bewegung der 4. Säuberungen]. In: Ershiyi shiji 60 (2000)
114 Siehe Will, Pierre-Étienne / Wong, Roy Bin: Nourish the People: The State Civilian Granary System in China, 1650–1850. Ann Arbor, Mich., 1991
115 Lüthi, Lorenz M.: The Sino-Soviet split: Cold war in the communist world. Princeton, N. Y., 2008, S. 200
116 Ebd., S. 290
117 Bo Yibo, Band 2, 1993, S. 1208 ff.
118 Lühti, 2008, S. 224
119 MacFarquhar, Roderick: The origins of the Cultural Revolution: The coming of the cataclysm, 1961–1966. Oxford 1997, S. 387
120 Siehe Glaubitz, Joachim: Opposition gegen Mao. Freiburg 1969
121 Gransow, Bettina: Soziale Klassen und Schichten in der Volksrepublik China. München 1983, S. 125
122 MacFarquhar, Roderick / Schoenhals, Michael: Mao's last revolution. Cambridge, Mass., 2006, S. 143
123 «Beschluss des ZK der KPCh über die große proletarische Kulturrevolution», in: Schickel, Joachim (Hg.): Mao Zedong: Der große strategische Plan – Dokumente zur Kulturrevolution. Berlin 1969, S. 163
124 Sheehan, Jackie: Chinese Workers – A new history. London 1998, S. 121
125 Perry, Elizabeth J.: Patrolling the revolution: worker militias, citizenship, and the modern Chinese state. Lanham 2006, S. 221
126 MacFarquhar / Schoenhals, 2006, S. 124
127 Ma Yuping, 1989, S. 754
128 Womack, Brantly: China and Vietnam: Politics of asymmetry. New York 2006, S. 178
129 Martin, Helmut (Hg.): Mao Zedong – Texte. Band VI / 1. München 1982, S. 245
130 Ebd., S. 254
131 Ebd., S. 163
132 Pepper, Suzanne: Radicalism and Education Reform in 20th-century China – The Search for an Ideal Development Mode. New York 1996, S. 416 ff.
133 Perry, Elizabeth J. (Hg.): Putting class in its place: Workers identities in East Asia. Berkeley, Calif., 1996, S. 194
134 MacFarqhuar / Schoenhals, 2006, S. 262
135 Barmé, Geremie R.: Shades of Mao: The posthumous cult of the

great leader. Armonk, N. Y., 1996, S. 8 f.
136 Snow, Edgar: The long revolution. New York 1963, S. 196
137 Chen Guanren, 2003, S. 401
138 Lüthi, 2008, S. 324
139 Li Zhisui, 1994, S. 559
140 Nixon, Richard: The Memoirs of Richard Nixon. New York 1978, S. 561
141 McMillian, Margret: Nixon and Mao: The week that changed the world. New York 2007, S. 75
142 Womack, 2006, S. 174
143 Perry, 2006, S. 245
144 Yao Wenyuan: Über die soziale Basis der parteifeindlichen Lin-Biao-Clique. Beijing 1975, S. 8 f.
145 Walder, Andrew G.: Communist neo-traditionalism: Work and authority in Chinese industry. Berkeley, Calif., 1986, S. 207
146 Sheehan, 1998, S. 144
147 Gao Wenqian: Zhou Enlai: The last perfect revolutionary: A biography. New York 2007, S. 259–262
148 Meisner, Maurice J.: The Deng Xiaoping era: An inquiry into the fate of Chinese socialism, 1978–1994. New York 1996, S. 62
149 Martin, 1977, S. 200
150 Ebd., S. 207
151 Siehe Moore, Barrington: Soziale Ursprünge von Diktatur und Demokratie: die Rolle der Grundbesitzer und Bauern bei der Entstehung der modernen Welt. Frankfurt a. M. 1969
152 Lüthi, 2008, S. 121
153 Heilmann, Sebastian: From local experiments to national policy: The origins of China's distinctive policy process. In: The China Journal 59 (2008), S. 2
154 Meisner, 1996, S. 190
155 Ebd., S. 149
156 Cao Jinqing: Huanghe bian de Zhongguo [Das China am Gelben Fluss]. Shanghai 2000, S. 598
157 Wemheuer, Felix: Steinnudeln: Ländliche Erinnerungen und staatliche Vergangenheitsbewältigung der «Großen Sprung»-Hungersnot in der chinesischen Provinz Henan. Frankfurt a. M. 2007, S. 225–229
158 Übersicht siehe Gao Mobo, 2008, S. 117–158
159 Weigelin-Schwiedrzik, Susanne: In Search of a Master Narrative for 20th-Century Chinese History. In: China Quarterly 188 (2006), S. 1072
160 Luosi Teli'er: Mao Zedong zhuan [Die Biographie Mao Zedongs]. Beijing 2006
161 Lee, Ching Kwan: What was socialism to Chinese workers? In: Lee, Ching Kwan (Hg.): Re-envisioning the Chinese revolution: the politics and poetics of collective memories in reform China. Washington, D. C., 2007, S. 144 ff.

Zeittafel

1893 26. Dezember: Geburt Maos im Dorf Shaoshan, Provinz Hunan
1900–06 Besuch einer konfuzianischen Grundschule in Shaoshan
1906–09 Mithilfe im elterlichen Betrieb
1907 Zwangsheirat mit erster Frau Luo Yixiu, Mao erkennt die Ehe nie an
1910 Lou Yixiu stirbt, Besuch der Dongshan-Schule
1911 Beginn einer Mittelschulausbildung in Changsha, Sturz der Qing-Dynastie, Mao meldet sich für die Revolutionsarmee, China wird Republik
1917 Sieg der Oktoberrevolution in Russland
1918 Annahme einer Stelle als Bibliothekar an der Beijing-Universität, Kontakte zu marxistischen Intellektuellen
1919 4.-Mai-Bewegung gegen Japan, Mao als politischer Aktivist in Changsha, Herausgabe der Zeitschrift «Xiang Fluss Review»
1920 Heirat mit zweiter Frau, Yang Kaihui
1921 Gründung der KPCh in Shanghai, Mao Delegierter Hunans
1922 Mao organisiert erfolgreiche Streiks im Kohlenrevier Anyuan
1923 Erste Einheitsfront zwischen Guomindang (GMD) und KPCh, Mao leitet Propagandaabteilung und «Institut zur revolutionären Erziehung der Bauern»
1926 Erfolgreicher Nordfeldzug der Guomindang gegen die Warlords
1927 Mao verfasst *Untersuchungen über die Bauernbewegung in Hunan*, Ende der Einheitsfront nach Massaker gegen Kommunisten in Shanghai, Aufbau von roten Stützpunktgebieten und Roter Armee
1928 Guomindang unter Führung von Chiang Kai-shek vereinigt China (Nanjing-Dekade), Mao lernt dritte Frau, He Zizhen, kennen, Heirat im selben Jahr
1930 Maos zweite Frau, Yang Kaihui, wird von der GMD exekutiert
1931 Japan besetzt die Mandschurei, Mao wird Vorsitzender der Chinesischen Sowjetrepublik
1934/35 Beginn des Langen Marsches der Roten Armee nach Verlust der Stützpunktgebiete im Süden
1935 Ankunft im Stützpunktgebiet der KPCh in Yan'an
1936 Zweite Einheitsfront zwischen Kommunisten und Guomindang
1937 Japan dehnt Krieg in China aus
1939 Heirat mit vierter Frau, Jiang Qing
1942/43 Ausrichtungsbewegung von Yan'an etabliert Mao-Zedong-Ideen als Ideologie der Partei
1943 Westmächte verzichten auf Sonderrechte in China (Ausnahme Hongkong und Macao)
1945 Der 7. Parteitag der KPCh definiert Mao-Zedong-Ideen als Sinisierung des Marxismus. Mao wird zum Parteivorsitzenden gewählt. 15. August: Kapitulation Japans
1946–49 Bürgerkrieg zwischen Kommunisten und Guomindang
1949 1. Oktober: Gründung der Volksrepublik China. Mao wird zum Vorsitzenden der Volksregierung gewählt, Guomindang flieht nach Taiwan. Dezember: Mao unternimmt erste Auslandsreise nach Moskau und bleibt zwei Monate
1950 Freundschaftsvertrag mit der Sowjetunion, Bodenreform

und Verteilung der Ländereien an Landlose und Kleinbauern, Kampagnen zur «Ausrottung der Banditen» und «Unterdrückung der Konterrevolution»

1950–53 Koreakrieg

1953 Erster Fünfjahresplan nach sowjetischem Vorbild

1955–57 Mao forciert Kollektivierung der Landwirtschaft

1955/56 Sozialistische Umwälzung von Industrie und Handwerk

1956 8. Parteitag der KPCh: Schwerpunkt auf Entwicklung der Wirtschaft, Streichung der Mao-Zedong-Ideen aus dem Parteiprogramm

1957 «Hundert-Blumen-Kampagne», dann «Anti-Rechts-Kampagne» gegen Intellektuelle

1958 Beginn des «Großen Sprungs nach vorn», Mao leitet persönlich Stahlkampagne und die Einführung der Volkskommunen

1959 11. April: Aufstand in Tibet, Rücktritt von Mao als Staatspräsident und Übernahme des Amtes durch Liu Shaoqi

1960 Offene Kontroverse mit KPdSU beginnt, als Folge ziehen die sowjetischen Experten ab

1959–61 Landesweite Hungersnot mit 15 bis 45 Millionen Toten

1962 Import von Getreide, Einführung einer Volkskommune mit gemischten Eigentumsformen, 20 Millionen Arbeiter werden aus den Städten in die Dörfer zurückgeschickt

1963–65 Sozialistische Erziehungskampagne soll Klassenkampf gegen korrupte Kader auf dem Land entfachen, Mao warnt vor Restauration des Kapitalismus

1964 Aufbau der 3. Verteidigungslinie im Westen Chinas beginnt, Zündung der ersten chinesischen Atombombe, das «Rote Buch» wird von Lin Biao herausgegeben

1966 Beginn der «Großen Proletarischen Kulturrevolution», Rote Garden und Rebellen organisieren sich

1967 Mao setzt Armee ein, um Fraktionskämpfe zu beenden

1967–75 Verschickung von 16 Millionen Jugendlichen auf das Land, faktische Zerschlagung der Roten Garden

1969 Der 9. Parteitag der KPCh verkündet den Sieg der Kulturrevolution und ruft zur Einheit auf, Mao ernennt Lin Biao zum Nachfolger, Liu Shaoqi stirbt in Haft, Grenzkrieg mit der UdSSR

1971 Angeblicher Putschversuch von Verteidigungsminister Lin Biao, der bei einem Flugzeugabsturz ums Leben kommt, Maos Gesundheitszustand verschlechtert sich, VR China übernimmt Taiwans ständigen Sitz im UNO-Sicherheitsrat

1972 Besuch des US-amerikanischen Präsidenten Richard Nixon in China

1973 Rehabilitierung von Deng Xiaoping nach dessen Sturz von 1966, Konsolidierungspolitik wird eingeleitet

1973/74 Kampagne zur Kritik an Konfuzius und Lin Biao

1976 Kampagne gegen den «Wind von rechts», erneuter Sturz Deng Xiaopings, Massendemonstrationen nach dem Tod von Premierminister Zhou Enlai. 9. September: Tod von Mao Zedong, Hua Guofeng wird Staats- und Parteichef

1978 Deng Xiaoping setzt Reform- und Öffnungspolitik durch

1981 Prozess gegen die sogenannte «Viererbande»

1983/84 Auflösung der Volkskommune

Zeugnisse

Edgar Snow (Journalist)
Mao erscheint mir als interessanter und komplexer Mann. Er hatte die Einfachheit und Natürlichkeit eines chinesischen Bauern mit einem lebendigen Sinn für Humor und rustikalem Lachen. Er lachte sogar über sich selbst und die Mängel der Sowjets. Es war ein jungenhaftes Lachen, das aber niemals den Glauben in seine Absichten erschüttern konnte. Er lebte und sprach einfach. Manche Leute mögen ihn sogar als vulgär und grob betrachtet haben. Er kombinierte die kuriosen Qualitäten von Naivität mit scharfem Verstand und wortreicher Kultiviertheit.

Red Star over China. New York 1968, S. 92 (Übersetzung F. W.)

Otto Braun (zeitweise Kommandeur der Roten Armee, einziger Ausländer auf dem Langen Marsch)
Insofern Mao, gestützt auf die Armee, zwischen den Klassen laviert, hat sein Regime bonapartistische Züge angenommen. [...] Dabei waren und blieben, scheint mir, seine soziale Basis die ökonomisch rückständigen kleinbürgerlich-bäuerlichen Schichten, während er in den Industriearbeitern stets nur die produzierende, nie die geschichtlich zur Machtausübung berufene Klasse sah. Dieses kleinbürgerliche Element [...] bildete den Nährboden für den Nationalismus, den Mao Tsetung in den dreißiger und vierziger Jahren als einen deutlichen Ausdruck, eine spezifische Form des Klassenkampfes in China betrachtete und in den sechziger Jahren zum Großmachtchauvinismus steigerte.

Chinesische Aufzeichnungen (1932–1939). Berlin (Ost) 1973, S. 355 f.

Lin Biao (Maos Verteidigungsminister 1959–1971)
Genosse Mao Tse-tung ist der größte Marxist-Leninist unserer Zeit. In genialer, schöpferischer und allseitiger Weise hat Genosse Mao Tse-tung den Marxismus-Leninismus als Erbe übernommen, ihn verteidigt und weiterentwickelt; er hat den Marxismus-Leninismus auf eine völlig neue Stufe gehoben. Die Ideen Mao Tse-tungs sind der Marxismus-Leninismus jener Epoche, in welcher der Imperialismus seinem totalen Zusammenbruch und der Sozialismus seinem weltweiten Sieg entgegengeht. Die Ideen Mao Tse-tungs sind eine mächtige ideologische Waffe im Kampf gegen den Imperialismus, eine mächtige ideologische Waffe im Kampf gegen Revisionismus und Dogmatismus. Die Ideen Mao Tse-tungs sind das Leitprinzip für die gesamte Tätigkeit der ganzen Partei, der ganzen Armee, des ganzen Landes.

«Vorwort» (1966) zu: Das rote Buch: Worte des Vorsitzenden Mao Tse-tung. Eingel. und hg. von Tilemann Grimm. Frankfurt a. M. 1967, S. I–V

Han Suyin (Autorin)
Mao Zedong verkörpert die Hoffnungen, Bedürfnisse seiner Nation und seines Volkes sowie dessen Willen zur Revolte, um Ausbeutung, Elend und Ungerechtigkeit zu beenden sowie sich selbst zu befreien und die Herren des eigenen Schicksals zu werden. Nicht einen einzigen Tag ist Mao von seinem Ziel abgewichen. Er ist immer zu den Bauern, Arbeitern und den Unterdrückten seines Landes zurückgegangen, um von ihnen mit großartiger Bescheidenheit zu lernen. Wie er selbst sagen würde, ist die Quelle seiner kreativen Macht die grenzenlose kreative Macht der Massen, die Reiche umstürzen und die Erde transformieren. Er fand sein eigenes Volk mit endlosen Enthu-

siasmus für die Revolution und gab alles von ihm selbst dafür, ohne zu zögern. Daher wurde er ihr Führer, der Mann der Nation.

The morning deluge: Mao Tsetung and the Chinese revolution, 1893–1954. Boston 1972, S. 4 (Übersetzung F. W.)

Lee Feigon (Biograph)
Jenseits der Erfolge auf den Gebieten der Erziehung und des industriellen Wachstums der Mao-Ära muss Mao angerechnet werden, dass er die lähmende bürokratische Kontrolle reduzierte, die in den 50er Jahren und frühen 60er Jahren das Land zu verschlingen drohte. Er tat, was viele Menschen heute fordern, was Führer tun sollen: Er brach mit den Bürokraten, die ihn umgaben. Die Errungenschaft ist vor dem Hintergrund der stalinistischen Tendenzen dieser Bürokraten bedeutungsvoll.

A Reinterpretation. Chicago 2002, S. 182 (Übersetzung F. W.)

Philip Short (Biograph)
[Mao] war unbestreitbar der Führer von fast einem Viertel der Menschheit, das ein Gebiet von der Größe Europas bevölkert. Er übte Macht aus, die nur mit den großartigsten chinesischen Kaisern zu vergleichen ist, und das in einer Epoche der chinesischen Geschichte, als Veränderungen so komprimiert stattfanden und innerhalb einer einzigen Generation erreicht wurde, was im Westen Jahrhunderte dauerte. Zu Maos Lebzeiten machte China den Sprung von einer Halbkolonie zu einer Großmacht, von einer tausendjährigen Autokratie zu einem sozialistischen Staat, von einem ausgeraubten Opfer imperialistischer Plünderung zu einem ständigen Mitglied des UN-Sicherheitsrats, ausgestattet mit Atombomben, Weltraumsatelliten und Interkontinentalraketen […]. Mao hielt das Töten seiner Gegner oder einfach nur von Menschen, die mit seinen politischen Zielen nicht einverstanden waren, für unvermeidbar, ja sogar für notwendig als Bestandteil größerer politischer Kampagnen. Er gab nur selten direkte Anweisungen, Menschen physisch zu liquidieren, aber seine Herrschaft brachte mehr von seinen eigenen Landsleuten den Tod als die von irgendeinem anderen Führer in der Geschichte.

Mao: A life. New York 1999, S. 630f. (Übersetzung F. W.)

Jung Chang (ehemalige Rotgardistin und Bestseller-Autorin)
Er [Mao] war kein überzeugter Kommunist, aber ein Radikaler. Als junger Mann hat er in seiner Heimatprovinz Hunan einen nach leninistischem Vorbild angezettelten Bauernaufstand erlebt. Er liebte die Gewalt, die der Kommunismus schüren konnte. Tod war für ihn ein Grund zur Freude. 1957, in Moskau, sagte er zu Chruschtschow: «Wir sind bereit, 300 Millionen Chinesen für den Sieg der Weltrevolution zu opfern.» Selbst die Sowjets waren darüber sehr irritiert.

Tagesspiegel, 3. Oktober 2005

Mao (zu seiner Tochter Li Min Anfang der 1960er Jahre)
Mao ist ein menschliches Wesen und wird wie alle menschlichen Wesen eines Tages sterben. Sie nennen mich weitsichtig, aber das ist Unsinn. Ich warte, dass sie mich nach meinem Tod attackieren werden für das, was ich getan habe. Einige Dinge, die ich getan habe, mögen sich als falsch herausstellen. Ich bin ein menschliches Wesen wie du, und Irren ist menschlich. Aber ich habe meine Überzeugungen. Ich werde immer der Revolution treu bleiben, egal wie sie mich beschimpfen werden.

Terrill, Ross: Mao: A biography. Stanford, Calif., 1999, S. 7 (Übersetzung F. W.)

Bibliographie

Biographien und zur Person

Beton, Gregor / Lin, Chun (Hg.): Was Mao really a monster? The academic response to Chang and Halliday's ‹Mao, The unknown story›. New York 2010

Chang, Jung / Halliday, Jon: Mao – Das Leben eines Mannes, das Schicksal eines Volkes. München 2005

Dabringhaus, Sabine: Mao Zedong. München 2008

Gao Mobo: The battle for China's past – Mao and the Cultural Revolution. London 2008

Li Zhisui: Ich war Maos Leibarzt: Die persönlichen Erinnerungen des Dr. Li Zhisui an den Vorsitzenden. Bergisch Gladbach 1994

Meisner, Maurice J.: Mao – A political and intellectual Portrait. Cambrigde 2007

Snow, Edgar: Roter Stern über China. Frankfurt a. M. 1974

Spence, Jonathan D.: Mao. München 2003

Terrill, Ross: Mao: A biography. Stanford, Calif., 1999

Werke

Mao Tse-tung: Ausgewählte Werke. Vier Bände. Beijing: Verlag für fremdsprachige Literatur 1968–1969

Ausgewählte Werke. Band V. Beijing: Verlag für fremdsprachige Literatur 1978

Das rote Buch: Worte des Vorsitzenden Mao Tse-tung. Frankfurt a. M.: Fischer 1967

37 Gedichte, übersetzt von Joachim Schickel. München: dtv 1967

Martin, Helmut (Hg.): Mao intern. München: dtv 1977

– (Hg.): Mao Tse-tung: Das machen wir anders als Moskau – Kritik an der sowjetischen Politikökonomie. Reinbek: Rowohlt 1975

– (Hg.): Mao Zedong – Texte. Schriften, Dokumente, Reden und Gespräche. Sieben Bände. München: Hanser 1979–1982

Schram, Stuart R. (Hg.): Mao's Road to Power: Revolutionary Writings. Sieben Bände. 1912–1949. Armonk, N. Y.: Sharpe 1992–2005

Schriften Maos im Internet: http://www.infopartisan.net/archive/maowerke/ (Stand 20. April 2008)

Wemheuer, Felix (Hg.): Maoismus – Ideengeschichte und revolutionärer Geist. Wien: Promedia 2008

Mao-Zedong-Ideen

Apter, David E. / Saich, Tony: Revolutionary Discourse in Mao's Republic. Cambridge, Mass., 1994

Dirlik, Arif / Healy, Paul M. / Knight, Nick (Hg.): Critical perspectives on Mao Zedong thought. Atlantic Highland, N. J., 1997

Martin, Helmut: Kult und Kanon: Entstehung und Entwicklung des Staatsmaoismus 1935–1978. Hamburg 1978

Meisner, Maurice: Marxism, Maoism and Utopianism. Madison 1982

Opitz, Peter (Hg.): Maoismus. Stuttgart 1972

Schram, Stuart R.: Das Mao-System: Die Schriften von Mao Tse-tung. München 1972

Womack, Brantly: The Foundations of Mao Zedong's political thought 1917–1935. Honolulu 1982

Maoismus im Westen

Koenen, Gerd: Das rote Jahrzehnt – Unsere kleine deutsche Kulturrevolution 1967–1977. Frankfurt a. M. 2002

Mittler, Barbara / Gehrig, Sebastian / Wemheuer, Felix (Hg.): Kulturrevolution als Vorbild? Maoismen im deutschsprachigen Raum. Wien 2008

Geschichte der chinesischen Revolution

Averill, Stephen: Revolution in the Highlands – China's Jinggangshan base era. Lanham 2006
Kampen, Thomas: Mao Zedong, Zhou Enlai and the evolution of the Chinese communist leadership. Kopenhagen 2000
Saich, Tony (Hg.): New perspectives on the Chinese Communist revolution. New York 1995
Selden, Mark: The Yenan way in revolutionary China. Cambridge, Mass., 1974
Wasserstrom, Jeffrey (Hg.): Twentieth-Century China – New Approaches. London 2003

Geschichte der Volksrepublik China

Cheek, Timothy / Saich, Tony (Hg.): New Perspectives on State Socialism in China. London 1999
Esherick, Joseph W. (Hg.): The Chinese Cultural Revolution as history. Stanford, Calif., 2006
MacFarquhar, Roderick / Schoenhals, Michael: Mao's Last Revolution. Cambridge, Mass., 2006
Perry, Elizabeth J.: Challenging the Mandate of Heaven, Social Protest and State Power in China. New York 2002
Thaxton, Ralph A.: Catastrophe and Contention in Rural China: Mao's Great Leap Forward – Famine and the Origins of Righteous Resistance in Da Fo Village. Cambridge 2008
Wemheuer, Felix: Steinnudeln: Ländliche Erinnerungen und staatliche Vergangenheitsbewältigung der «Großen Sprung»-Hungersnot in der chinesischen Provinz Henan. Wien 2007
–: Chinas «Großer Sprung nach vorne» (1958–1961): Von der kommunistischen Offensive in die Hungersnot – Intellektuelle erinnern sich. Münster 2004

Außenpolitik

Chen, Jian: Mao's China and the Cold War. Chapel Hill, N. C., 2001
Lüthi, Lorenz M.: The Sino-Soviet split: cold war in the communist world. Princeton, N. J., 2008

Namenregister

Die kursiv gesetzten Zahlen verweisen auf die Abbildungen.

Über den Autor

Dr. Felix Wemheuer, Jahrgang 1977, ist Sinologe und Autor mehrerer Bücher zur Mao-Ära. Er studierte Ostasiatische Politik an der Ruhr-Universität Bochum und von 2000 bis 2002 «Geschichte der Kommunistischen Partei Chinas» an der Volksuniversität in Beijing. In China führte er Interviews mit Zeitzeugen zur Großen Hungersnot (1959–61) in Dörfern in der Provinz Henan durch. Seit 2004 ist er Universitätsassistent am Institut für Ostasienwissenschaften / Sinologie an der Universität Wien. Dort unterrichtet er Kurse zur Mao-Ära, zu sozialen Unruhen sowie Sexualität und Gender in China. 2008/09 forschte er als Gastwissenschaftler an der Harvard-Universität (USA) zu den Hungersnöten in China und der Sowjetunion, unter besonderer Berücksichtigung des Verhältnisses zwischen Staat und Bauern. Zu seinen Veröffentlichungen gehören die Bücher «Steinnudeln» über Hungersnot, «Kulturrevolution als Vorbild? Maoismen im deutschsprachigen Raum» (beide erschienen bei Peter Lang) sowie die Textsammlung «Maoismus: Ideengeschichte und revolutionärer Geist» (Promedia). Gegenwärtig arbeitet Felix Wemheuer an seiner Habilitationsschrift zur Politisierung des Hungers im Sozialismus.

Quellennachweis der Abbildungen

Getty Images / Hulton: Umschlagvorderseite
Aus: Hongtaiyang zhaoliang le Dazhai qianjin de daolu (Die rote Sonne erleuchtet den fortschrittlichen Weg Dazhais). Beijing 1969: 1 und 3
akg-images, Berlin: 6, 96 (Russian Picture Service), 109, 117 (Zhou Thong), 141 (AP), 145 (Bruce Connolly)
Aus: Emile Guikovaty: Das neue China des Mao Tse-tung. Frankfurt a. M. 1977: 8, 27, 54, 56
ullstein bild, Berlin: 10 (Sipa), 16 (dpa), 19 (TopFoto), 21 (Roger-Viollet), 47 (Granger Collection), 51, 59, 77 (TopFoto), 113, 127 (Sipa), 130 links (Roger-Viollet), 130 rechts (Sven Simon), 137 (Schöning), 143 (sinopictures / Readfoto), Umschlagrückseite oben (TopFoto)
Rene Burri / Magnum Photos / Agentur Focus, Hamburg: 17
Aus: China im Bild: 31 (Nr. 9, 1968), 33 (Nr. 10, 1967)
Corbis: 41 (Bettmann), 125
Aus: Michael Sullivan: Art and artists of the twentieth-century China. Berkeley, Calif., 1996: 45
Aus: Jonathan Spence: Chinas Weg in die Moderne. München 1995: 48, 49
www.fotoe.com: 55, 61, 72/73 (Hou Bo), 91, 98 (Li Feng)
Aus: Chinese Literature: 63 (Nr. 3, Mai–Juni 1958)
Aus: Urban China: 75 (Nr. 19, 15. Juni 2007), 118 (Nr. 12, 15. September 2006)
www.scideanews.com: 79
dpa Picture-Alliance, Frankfurt a. M.: 103 (AFP), Umschlagrückseite unten (Koch)
Süddeutsche Zeitung Photo, München: 112 (Hans Ulrich Kempski), 116 (AP), 120 (Rue des Archives), 131 (Lothar Kucharz)